KB266985

공주민제(DCA): 노동 이후 사회의 '권리-자본-거버넌스' 재설계

공주민제(DCA): 노동 이후 사회의 '권리-자본-거버넌스' 재설계

共株民制

공주민제

노동 이후 사회의
권리-자본-거버넌스 재설계

이상연 지음

좋은땅

차례

제2부. 철학적 정당성: 권리로서의 자본

제4장. 지분 접근권: 롤스 정의론의 현대적 확장

제5장. 사회화의 재정의: 결과의 평준화가 아닌 '기회자본'의 제도화

제4부. 거버넌스: 분산 의결과 포획 방지

제5부. 비판적 대화와 이행 경로

제10장. 머스크의 '보편적 고소득'을 넘어서: 왜 '이행설계'가 중요한가

노동 기반 문명의 종언과 새로운 사회 계약: 공주민제(DCA)와 휴만(Humann)의 시대를 향하여

인류 문명을 지탱해 온 가장 강력한 기제였던 '노동(Labor)'과 그에 기반한 분배 정의가 기술적 전회(Technological Turn)에 의해 근본적인 정당성 위기에 직면해 있습니다. 근대 산업사회를 지탱해 온 자본가와 노동자의 이분법적 관계는 생산 과정에서 인간의 유기적 노동력이 필수적이라는 전제 아래 유지되어 왔습니다. 그러나 인공지능과 지능형 로보틱스가 노동력을 보충하는 단계를 넘어 근본적으로 대체하는 임계점에 도달함에 따라, 기존의 계급적 변증법은 더 이상 유효하지 않은 낡은 문법이 되었습니다.

본서는 이러한 문명사적 단절의 시점에서, 자본의 소유와 의결, 그리고 책임의 구조를 근본적으로 재편하는 '공주민제(共株民制, DCA: Distributed Citizen Assets)' 체제를 제안합니다. 공주민제는 단순한 정책이나 프로그램이 아니라, 소유·의결·책임의 방식을 근본적으로 바꾸는 새로운 사회·경제 체제입니다.

공주민제의 철학은 네 글자의 한자와 영문 명칭에 함축되어 있습니다.

- **공(共, Distributed)**: 소수의 자본가나 국가 권력에 집중된 자본이 아니라, 수많은 시민에게 폭넓게 분산된 자산 구조를 지향합니다.
- **주(株, Assets)**: 단순한 복지를 넘어 기업 지분, 국가 자산, 데이터, 그리고 AI 수익 등 광범위한 '자본 지분' 자체를 시민이 소유한다는 의미를 담고 있습니다.
- **민(民, Citizen)**: 특정 계급이나 조직이 아닌 사회 구성원 전체를 주체로 세우며, 국가나 중간 조직보다 실제 주체인 시민 개개인의 주권적 지위를 강조합니다.
- **제(制, System)**: 이를 공고히 하는 제도적 시스템(Regime)을 의미합니다.

이 체제 안에서 우리는 더 이상 노동자나 자본가로 정의되지 않습니다. 그 계급적 관계의 소멸을 대체하는 새로운 주체적 개념이 바로 '**휴만(Humann)**'입니다. **휴만(Humann)**은 노동력의 상품화와 자본의 독점적 소유라는 근대적 제약에서 벗어나, 보편적 자본 접근권을 통해 사회적 자산의 지분 주권자로서 실존하는 존재입니다. 이는 생존을 위한 강제적 노동의 굴레에서 해방되어, 분산된 지분과 의결권을 통해 사회 전체를 운영하는 주체로 거듭난 인간상을 대변합니다.

본서에서는 공주민제의 실현을 위해 TEC(조세의 지분 전환)와 N-DSA(국가 디지털 지분 계좌), 그리고 DDP(분산 의결 프로토콜)와 같은 제도적 기제들을 상세히 논합니다. 이를 통해 기술 혁신의 결실이 특정 소수가 아닌 '민(民)' 전체의 권리로서 자동 환류되는 시스템을 확립하고자 하였습니다.

우리가 맞이할 미래는 노동의 종말이 초래할 디스토피아가 아니라, 모든 시민이 자산의 공동 주주로서 참여하는 '휴만(Humann)'의 시대여야 합니다. 이 책이 제시하는 공주민제의 이론적 틀이 새로운 사회 계약을 향한 초석이 되기를 기대하며, 시대적 전환의 입구에서 미래의 '휴만(Humann)'들과 이 논의를 시작하고자 합니다.

2026년 1월

이 상 연

한눈에 보는 DCA 핵심 31개
미니 용어사전(본문 등장 순서)

1. **공주민제(共株民制)**: 시민이 '지분(주식)'을 제도 규칙 아래 분산 보유하고, 환류·의결 규칙으로 통제력이 집중되지 않게 하는 체제

2. **DCA(Distributed Citizen Assets)**: 시민에게 분산된 자산을 권리의 기본값으로 만드는 설계(분산 소유·의결·책임). 공주민제(共株民制)

3. **휴만(Humann)**: '노동자/자본가'가 아니라 권리의 주체로 재정의된 시민 단위

4. **지분 접근권 0(Equity Access Zero)**: 지분(또는 수익권)과 그에 수반되는 의결·감사 등 핵심 권리에 실질적으로 접근할 수 없는 상태다. 결과적으로 자본소득과 결정 과정에서 배제되는 정치·경제적 무권리 상태를 뜻한다

5. **무지분층**: 자본의 결과(수익)·원인(결정권) 모두에서 배제된 대중

6. **유지분층**: 자본수익뿐 아니라 결정권에도 접근하는 층(통제력 보유)

7. **권리-자본-거버넌스 재설계**: 복지 중심이 아니라 소유·의결 구조 자체를 바꾸는 접근

8. **3층 설계**: 권리(기본값)-자본(환류)-거버넌스(프로토콜)를 층위로 분리해 포획을 줄이는 구조

9. **공적 레일**: 국가·공공이 '직접 운영'하기보다, 법·표준과 스튜어드십(관리·감독) 아래에서 자산/데이터/인프라가 운용되는 공적 기반 레일(기본권·안전망)

10. **민간 레일**: 개인·조합·시민단체·기업이 자발적으로 지분을 축적·신탁·위임하며, 주주권을 직접 또는 위임 방식으로 행사하는 레일

11. **2트랙 방화벽**: 공적 레일과 민간 레일의 운용·환류를 끝까지 분리해 전염·포획을 차단

12. **국민사회지분계정(N-DSA, National Distributed Share Account)**: 공적 레일에서 발생한 사회적 지분·배당(환류) 권리를 시민별로 기록·정산·배분하는 공적 계정(장부/정산 시스템)

13. **기초자산(Underlying Assets)**: 국민사회지분계정(N-DSA)의 숫자를 떠받치는 실물 기반(장기 지분, 데이터 수익, 전략자산 등 '현금흐름 원천' 묶음)

14. **공공데이터 신탁(Public Data Trust)**: 공공데이터(및 국민이 생성한 데이터)의 이용·학습·상업화 권한과 수익 귀속 규칙을 관리하는 공적 규칙·기관(또는 제도 틀)

15. **데이터 라이선스 비용(Data License Fee)**: 데이터·학습권 사용에 대해 부과되는 사용료(세금이 아니라 자원 사용료 프레임)로, 수익이 기초자산을 통해 N-DSA로 환류되는 재원

16. **공공 컴퓨팅(국가급 컴퓨팅 자원)**: AI 학습·추론 인프라를 공공이 보유/조달해, 규범 수용 주체에 저비용/우선 접근을 제공하는 정책 레버리지

17. **C-COT(시민지분신탁)**: 민간 레일에서 지분을 신탁에 모아 배당·재투자·의결 규칙으로 운영하는 장치

18. **TEC(조세의 지분화, Tax-to-Equity Conversion)**: 전환기 법인세(조세) 일부를 현금이 아니라 표준화된 지분(신주·지분성 권리)으로 납부하게 하여, 정부 일반회계가 아니라 '시민 자산 신탁(공적 레일)'에 귀속시키는 전환 프로토콜

19. **수익권/무의결 지분**: 계약 충돌을 줄이기 위해 먼저 현금흐름 권리를 주고 의결권은 제한·단계화하는 옵션

20. **이행기(Transition)**: 전면 도입이 아니라 단계적 검증·확대를 수행하는 기간

21. **DCA 샌드박스**: 특구·산업별로 먼저 적용하고 지표에 따라 자동 확대·보정·중단하는 도입 프로토콜

22. **DDP(분산 의결 프로토콜)**: 위임·회수·상한·만료·지연·다중 승인·감사로 의결을 구조화한 규칙 체계

23. **유동적 대리(유동적 위임, liquid delegation)**: 직접 투표와 위임을 결합하되 위임은 사안별·가변적이며 언제든 회수 가능

24. **룩스루(Look-through)**: 명의가 아니라 실질 통제자(최종 영향력)를 관통해 추적하는 원칙

25. **메타 거버넌스**: '규칙을 누가, 어떻게 바꾸는가'에 대한 상위 설계 (기술적 포획 방지)

26. **알고리즘 거버넌스**: 루틴 결정은 자동 처리, 사회적 파급이 큰 결정만 느린 레인(DDP) 적용

 공주민제(DCA)노동 이후 사회의 '권리-자본-거버넌스' 재설계

27. **추출(Extraction)**: 배당·자사주·수수료·데이터 독점 등으로 가치
가 소수에게 과도 이전되는 현상

28. **상한(Cap)**: 부를 제한하기보다 통제력·과잉 추출을 제한하는 규칙
("통제 제한")

29. **가변적 추출 상한**: 성장 단계·투자회수율 등에 따라 상한을 차등
적용해 성장 사다리를 보호

30. **감사 로그(Audit Log)**: 결정·집행·규칙 변경의 전 과정을 추적 가
능하게 기록하는 장치

31. **긴급 제동(Emergency Brake) / 항소(Appeal)**: 임계 위험시 중단
(제동)하고, 자동화·프로토콜 집행 결과에 재심을 요구(항소)할 수
있는 안전장치·절차

나는 국가유산수리 현장에서 일하며, 권한을 가진 주체들이 만들어 내는 '포획'이 어떻게 발생하는지 실전을 통해 경험했다. 행정 권력은 절차와 승인 권한을 통해, 심의·자문·검토 등 전문성을 내세우는 권력은 기준의 해석과 적용이라는 언어를 통해, 결과를 좌우할 수 있다. 그 과정에서 문제는 특정 개인의 선악이 아니라, **포획이 규칙의 형태로 구조화되어 반복**된다는 점이다.

이로 인한 충돌이 사법 절차로 이동했을 때도 다르지 않았다. 형식이 실질을 압도하거나 권한 구조에 대한 심사가 충분히 열리지 못하는 순간, 판단은 때로 권위주의적 표정으로 굳어질 수 있다. '내부고발자 보호'가 법으로까지 필요하다는 현실은, 사회가 스스로 오류를 교정하는 정상 경로를 충분히 갖추지 못했고, 말하는 사람에게 보복 위험이 구조적으로 붙어 있다는 뜻이다. 그 자체가 비정상이다.

또 하나의 의문이 뒤따랐다. 국가유산수리는 전통적 방식과 인력 기반의 기술을 존중해야 한다. 그러나 세상은 AI 자동화, 로봇을 향해 빠르게 이동하고 있으며, 노동의 축이 흔들릴수록 '기술의 전승'과 '현장 노동의 의미'는 근본에서 재정의될 수밖에 없다. 노동이 사회의 기본 파이프가 아니게 되는 시대에, 국가유산수리의 철학과 제도는 무엇을 지키고 무엇을 바꿔야 하는가. 이 질문은 향후 국가유산수리 분야에서 정면으로 다뤄져야 한다.

이 책은 그 문제의식을 국가유산수리 영역에 가두지 않고, 사회 전체의 권리-자본-거버넌스 구조로 확장해 정리한 결과다. 선언이 아니라, 포획을 줄이고 시민의 몫이 제도 규칙으로 귀속되도록 하는 **작동 가능한 설계**를 제시하는 데 목적이 있다.

제1부

문제 진단: 노동 기반 문명의 종언

제1장

자본주의 성공의 역설:
기술은 노동을 '개선'하지 않고 '대체'한다

1.1. 실리콘과 유기체의 경쟁: 도구가 아닌 '대체자'의 등장

과거의 기술 혁명은 인간의 육체적 한계를 극복하는 과정이었다. 증기 기관은 근육을 대신했고, 전구는 밤의 장벽을 허물었다. 이때의 기술은 인간 노동의 '보조자'였다. 숙련된 직조공이 방적기를 사용하여 10배의 실을 뽑아낼 때, 기술은 인간을 생산 과정에서 밀어내는 것이 아니라 인간의 생산성을 극대화했다. 우리는 이를 '노동의 보충(Augmentation)'이라 불렀다. 하지만 21세기의 기술 전환은 전혀 다른 경로를 걷고 있다.

오늘날의 AI와 로보틱스는 인간의 '보조'를 넘어 '대체(Substitution)'를 목표로 한다. 과거의 기계가 망치였다면, 현대의 AI는 망치를 든 '손'과 그것을 언제 내리칠지 결정하는 '뇌' 그 자체를 지향한다. 인공지능이 변호사의 서류를 검토하고, 화가의 화풍을 복제하며, 자율주행 트럭이 도로를 점령하는 순간, 인간은 더 이상 기술의 '사용자'가 아니라 기술과 '비용 경쟁'을 벌여야 하는 처참한 경쟁자가 된다.

이 경쟁의 결말은 이미 정해져 있다. 실리콘 기반의 지능은 지치지 않으며, 퇴직금을 요구하지 않고, 24시간 업데이트된다. 유기체인 인간이 잠을 자고 휴식을 취하는 동안에도 알고리즘은 무한히 증식한다. 기업의 입장에서 고용은 이제 혁신의 지표가 아니라 극복해야 할 '비용'일 뿐이다. 자본주의가 기술 혁신에 성공하면 할수록, 그 성공의 부산물로 인간 노동의 가치는 바닥으로 추락한다. 이것이 우리가 맞이한 첫 번째 역설이다.

1.2. 교육이라는 환상과 재교육의 종언

기술 실업의 파도가 칠 때마다 주류 경제학자들과 정치인들이 내놓는 표준 처방은 '교육·재훈련'이다. "더 높은 수준의 교육을 통해 노동의 부가가치를 높이면 된다"는 논리다. 19세기 농부가 공장 노동자가 되고, 20세기 공장 노동자가 서비스직 종사자가 되었듯, 21세기 배달 노동자는 데이터 과학자가 되어야 한다는 말이다. 하지만 노동이 가치의 중심에 남아 있다는 전제 자체가 흔들리는 국면에서는, 재훈련만으로 대다수의 소득 기반을 복원하기 어렵다(Ford, 2015). 그 이유는 다음 두 가지다. 첫째, **진화의 비대칭성** 때문이다. 인간이 새로운 기술을 배워 숙달하는 데는 수년의 시간이 걸리지만, AI 모델이 수조 개의 데이터를 학습하여 기존 전문가를 압도하는 데는 불과 몇 주면 충분하다. 둘째, **범용성의 위기**다. 과거의 기술 진보는 특정 분야(예: 농업)의 노동을 줄이는 대신 다른 분야(예: 제조, 서비스)의 일자리를 창출했다. 그러나 AI는 '일반 목적 기술(GPT)'로서, 인간이 하는 거의 모든 지적·육체적 활동 영역을 동시에 공략한다.

가장 안전하다고 믿었던 전문직조차 예외가 아니다. 알고리즘은 판례 분석에서 판사보다 정확하고, 엑스레이 판독에서 의사보다 정교하다. 도망갈 곳이 없는 상태에서의 재교육은 가라앉는 배 안에서 더 높은 층으로 옮겨 가는 것과 다르지 않다. 결국 우리는 '일하지 않아도 되는 사회'가 아니라 '일할 기회를 영원히 박탈당한 사회'로 진입하고 있다.

1.3. '무지분(Non-equity) 대중'과 새로운 신분제

노동 소멸의 가장 공포스러운 지점은 소득의 원천이 사라진다는 사실보다, '지분의 양극화'에 있다. 근대 자본주의 사회에서 인간은 자신의 노동력을 시장에 팔아 자본의 성과를 나누어 가졌다. 비록 불평등했지만, '임금'이라는 연결 고리가 노동자와 자본가를 같은 경제 생태계 안에 묶어 두었다.

하지만 노동이 생산 과정에서 배제되는 순간, 이 고리는 끊어진다. 생산의 성과는 오직 그 생산 수단(로봇, 데이터, 알고리즘)을 소유한 자들에게만 귀속된다. 사회는 급격히 두 계급으로 재편된다. 자동화된 생산 설비와 지적재산권을 독점한 '초유지분층'과, 팔 수 있는 노동력은 있으나 시장에서 가치를 인정받지 못하는 '무지분 대중'이다.

이것은 21세기판 신분제의 부활이다. 과거의 귀족이 토지를 소유했다면, 현대의 귀족은 '알고리즘과 지분'을 소유한다. 공주민제(DCA)가 이

 공주민제(DCA)노동 이후 사회의 '권리-자본-거버넌스' 재설계

지점에서 등장하는 이유는 명확하다. 우리가 이 '지분 소유권'의 구조를 바꾸지 않는 한, 어떤 복지 정책도 쏟아지는 불평등의 파도를 막을 수 없기 때문이다. 무지분 대중을 유지분 주권자로 전환하는 것, 그것이 문명이 붕괴하지 않기 위한 유일한 퇴로다.

제2장

유효수요의 붕괴:
소비자가 없는 시장은 어떻게 멈추는가

2.1. 시장의 심장, '구매력'이라는 연료의 고갈

자본주의 엔진을 돌리는 가장 원초적인 힘은 '누군가 물건을 사는 행위'
다. 경제학적으로 이를 유효수요(Effective Demand)라 부른다. 지난 200
년 동안 자본주의가 번영할 수 있었던 이유는 생산성이 늘어난 만큼 노동
자에게 임금을 지불했고, 그 임금이 다시 시장으로 돌아와 상품을 구매하
는 '순환 구조'가 작동했기 때문이다.

그러나 노동 소멸은 이 순환의 파이프를 끊어 버린다. 생산력은 AI와
로봇을 통해 무한히 팽창한다. 공장은 인간 없이도 24시간 자동차와 스마
트폰을 찍어 낼 수 있다. 하지만 그 공장에서 퇴출당해 소득을 잃은 시민
들은 그 물건을 살 수 없다. 생산력은 AI와 로봇을 통해 무한히 팽창할 수
있지만, 그 성과가 시민의 소득으로 귀속되지 않으면 소비(유효수요)가
고갈되어 체제는 불안정해질 수 있다(Ford, 2015). 즉 21세기 위기의 핵

심은 "생산이 가능하냐"가 아니라 "구매력이 어떻게 유지되느냐"다.

2.2. '풍요의 약속'과 '이행의 공백' — 전환기의 다리(Bridge) 정의

2.2.0. 이 절의 역할: 유효수요 붕괴를 "제도 설계 문제"로 번역한다

2.1에서 확인했듯, 노동 소멸이 만드는 첫 번째 균열은 유효수요(구매력)의 고갈이다. 생산력이 아니라 구매력이 먼저 마른다. 그런데 '구매력' 문제를 단지 "현금을 얼마나 주느냐"로만 환원하면, 전환기의 핵심을 놓치게 된다. 전환기의 관건은 '현금' 자체가 아니라, 자동화가 만들어 내는 가치 흐름이 시민에게 어떤 규칙으로 귀속되는가(귀속 규칙)다.

즉, 유효수요의 붕괴는 단순한 경기 하강이 아니라, "구매력을 지속적으로 생성하는 제도적 파이프가 끊어지는 사건"이다. 이 절은 그 파이프를 다시 잇기 위해 무엇이 최소 요건인지, 이를 '이행 설계(Transition Design)'라는 개념으로 정리한다.

2.2.1. '이행 설계'란 무엇인가: 전환기의 다리(Bridge)와 네 요소

노동 소멸의 국면에서 '이행 설계'란, "자동화가 만든 생산력"이 사회 붕괴를 동반하지 않고 구매력-정당성-질서로 연결되도록 하는 제도적 다리다. 최소한 다음 네 가지를 포함해야 한다.

재원 구조(Revenue Architecture): 풍요를 떠받칠 지속 가능한 현금흐름의 원천이 무엇인지

권리 구조(Rights Architecture): 그 재원이 시민에게 '시혜'가 아니라 '권

리'로 귀속되는 법적 형태가 무엇인지

거버넌스 구조(Governance Architecture): 누가 결정하고 누가 감시하며, 포획을 어떻게 차단하는지

거시 안전장치(Macro Stabilizers): 전환기 변동(실업·자산가격·부채·지역 붕괴)이 임계점을 넘지 않도록 자동 안정화가 어떻게 작동하는지

이 네 가지가 갖춰지지 않으면, "풍요의 도착"이 아니라 "전환기의 붕괴"가 먼저 온다. 유효수요의 고갈은 이 붕괴의 첫 신호다. 따라서 '풍요'라는 결과가 아니라 '이행'이라는 과정의 설계를 따져야 한다.

2.2.2. 왜 '현금의 약속'만으로는 유효수요를 안정시키기 어렵나

전환기에서 현금 지급은 필요할 수 있다. 하지만 그것만으로 유효수요 문제가 안정적으로 풀리지 않는 이유는 다음과 같다.

첫째, 재원 공백이다. "기업이 벌고 국가는 세금으로 나눈다"는 문장만으로는 '얼마나 오래' 버틸 현금흐름인지가 비어 있다. 자동화가 심화될수록 이익 변동성은 커지고, 조세는 정치주기에 취약해지며, 국제 경쟁은 재원을 흔든다. 재원 설계가 없으면 유효수요는 '지급 중단 가능성'이라는 불확실성을 내장한 채로 남는다.

둘째, 권리 공백이다. 지급이 권리가 아니라 정책으로 남으면, 전환기의 긴장 속에서 선별·낙인·삭감의 경로로 쉽게 미끄러진다. 그 순간 구매력은 '예측 가능한 권리'가 아니라 '정치적 재량'이 된다. 시장과 가계는 불확실성에 반응하고, 소비는 방어적으로 수축한다.

셋째, 거버넌스 공백이다. "누가 나눠 주나"가 불명확할수록, 분배 장치

 공주민제(DCA)노동 이후 사회의 '권리-자본-거버넌스' 재설계

자체가 포획의 전장이 된다. 전환기에는 규칙을 만드는 힘(사실상의 통치력)이 경제의 중심이 되기 때문에, 거버넌스가 비어 있으면 유효수요 정책은 곧바로 정당성 위기를 동반한다.

넷째, 거시 안전장치의 부재다. 전환기에는 실업·부채·자산가격의 급격한 재평가가 동반될 수 있다. 구매력은 단순히 "지급액"이 아니라 "변동성(충격)을 흡수하는 제도"와 함께 움직인다. 자동 안전장치가 없으면, 지급 정책이 오히려 금융 불안을 키우는 역효과를 낳을 수도 있다.

요컨대 유효수요의 붕괴는 "돈이 부족하다"의 문제가 아니라, "구매력을 생성·지속시키는 귀속 규칙이 비어 있다"의 문제다. 따라서 해법은 '현금의 약속'이 아니라 '귀속 규칙의 고정'으로 이동해야 한다.

2.2.3. 유효수요 붕괴가 '대립선 이동'으로 연결되는 이유

이행 설계가 비어 있을 때 사회의 불만은 돈으로 축적되지만, 정치적 폭발은 통제력(결정권)의 문제로 나타난다. 누가 투자·배치·자동화·데이터 규칙을 정하는가가 삶의 조건을 결정하는 순간, 분배의 언어는 곧바로 지배의 언어로 바뀐다.

따라서 다음 장에서는 "노동 vs 자본"이라는 기존 구도가 왜 약해지고, "지분의 유무(결정권 접근)"가 사회의 핵심 대립선으로 부상하는지(대립선의 이동)를 다룬다. 전환기의 핵심은 '풍요의 가능성'이 아니라, 그 풍요가 붕괴 없이 사회 전체의 삶으로 번역되도록 만드는 '이행 설계'의 유무다.

제3장

대립선의 이동:
'노동 vs 자본'에서 '무지분 vs 유지분'으로

3.0. "불평등"이 아니라 "기본구조의 전환"을 증명한다

이 장은 불평등의 정도를 다시 탄식하기보다, 사회의 기본구조가 바뀌었음을 증명하는 데 목적이 있다. 근대 자본주의의 갈등은 대체로 "노동-자본"의 임금 교섭선 위에서 조직되었다. 노동자는 임금을 통해 소비자가 되었고, 소비는 기업 매출로 환류되었다. 이 연결 고리가 있었기에, 불평등이 심해도 시스템은 최소한의 안정성을 유지할 수 있었다.

그러나 노동이 생산 과정에서 체계적으로 배제되는 순간, 그 연결 고리는 끊어진다. 이때 대립선은 더 이상 임금의 크기(분배율)가 아니라 지분 접근권의 유무(소유·배당·의결)로 이동한다. 공주민제 선언[1]이 말하듯,

---

[1] 공주민제(DCA) 선언: 본서의 문제의식과 기본 원칙(지분 접근권, 권리·자본·거버넌스의 재설계 방향)을 가장 압축적으로 제시한 기초 문서다. 선언 전문(manifesto.pdf)은 저자 공개 저장소에서 내려받을 수 있다: https://github.com/leesangyeon69-maker/DCA/

지분 접근권이 없는 다수가 늘어나는 순간 시장은 소비자를 잃고, 기업은 매출을 잃고, 국가는 재정 기반을 잃으며, 정치와 경제가 동시에 불안정해진다. 즉, 이는 "격차"가 아니라 "문명 유지 조건"의 격차다.

3.1. 낡은 계급론의 해체와 '프레카리아트'의 진화

과거의 계급 투쟁은 공장 담장 안에서 벌어졌다. 자본가와 노동자는 임금이라는 파이를 두고 싸웠다. 그러나 이제 공장 안에는 인간 노동자가 줄어들고, 노동조합의 조직 기반은 약화되며, '플랫폼 노동자'로 표상되는 프레카리아트는 고용 계약 자체가 불안정한 상태로 알고리즘의 지배를 받는다(Standing, 2011).

이 변화의 핵심은 "노동이 열악해졌다"가 아니다. 노동이 "계약 가능한 관계"에서 "파편화된 과업"으로 분해되고 있다는 점이다. 노동이 파편화되면 교섭도 파편화된다. 교섭이 파편화되면, 노동은 '집단적 대항력'의 기반을 잃는다(Galbraith, 1952). 이때 노동-자본 대립선은 단지 약해지는 정도가 아니라, 사회 갈등을 설명하는 기본 좌표계로서 기능을 상실한다. 갈등의 중심은 기업 내부의 임금 분배율이 아니라, 기업 밖에서의 자산 소유 여부로 이동한다.

3.2. 왜 대립선이 이동하는가: 네 가지 구조적 원인

전환기 갈등은 흔히 "부의 불평등"으로 설명되지만, 실제로 사회적 분

출이 일어나는 지점은 단순한 격차의 크기라기보다 "내 삶을 누가 결정하
는가"라는 문제다. 불만이 '돈'으로 쌓이고, 폭발은 '통제력'에서 일어난다.

1) 돈은 지표이고, 통제력은 구조다

돈은 결과다. 그러나 통제력은 결과를 반복 생산하는 구조다.

임금 격차가 커도 시민이 "규칙이 공정하고, 수정할 통로가 있고, 미래
에 참여할 길이 있다"고 느끼면 갈등은 관리된다. 반대로 일정 수준의 현
금 이전이 있어도, 대중이 의사결정에서 배제된 채 관리·감시·선별의 대
상으로 남는다면 불만은 더 위험한 형태로 누적된다. 이때 분노의 핵심은
"내가 덜 받는다"가 아니라 "나는 결정에서 제외된 존재다"라는 인식이다.

노동 기반 사회에서 시민은 임금 협상·노동조합·정당·선거라는 통로
를 통해 (불완전하나마) 결정권을 매개할 수 있었다. 그러나 노동이 생산
과정에서 밀려나는 시대에는, 임금 협상이라는 연결 고리가 약해지고, 대
신 자본의 결정(투자·배치·자동화·데이터 사용·플랫폼 규칙)이 사회의
조건을 직접 규정한다. 이때 통제력이 소수에게 집중되면, 불평등은 단지
"소득 격차"가 아니라 '시민 자격의 격차'로 변형된다.

2) '무지분 vs 유지분'은 소득이 아니라 권력의 대립선이다

'무지분 vs 유지분'은 단지 "자산이 있느냐 없느냐"의 구분이 아니다. 더
핵심적인 차이는 다음이다.

유지분층은 자본의 결과(배당·자본이득)뿐 아니라 자본의 원인(결정
권)에 접근한다.

무지분 대중은 결과를 나중에 구걸하거나(복지), 혹은 운 좋게 흘러넘치는 몫에 기대야 한다(시혜).

즉, 무지분 상태는 '가난'이 아니라 정치·경제적 무권리 상태다. 무권리 상태는 장기적으로 폭발한다. 왜냐하면 전환기의 충격(물가·주거·안전·지역 붕괴·산업 재편)을 "내가 통제할 수 없다"는 감각이 사회 전반에 확산될수록, 사람들은 돈의 부족보다 통제의 부재를 더 견디기 어려워하기 때문이다.

3) 그래서 기본소득 논쟁은 "얼마"가 아니라 "누가 결정하나"로 이동한다

전환기의 분배 논쟁은 결국 두 질문으로 수렴한다.

- 재원은 어디서 오나(무엇을 환류할 것인가)
- 결정은 누가 하나(환류 규칙·배분 규칙·예외 규칙·제재 규칙을 누가 바꾸는가)

현금 지급은 첫 번째 질문을 부분적으로 답할 수 있어도, 두 번째 질문을 해결하지 못하면 정치적 취약성이 남는다. "줄 때는 주지만, 권력과 규칙은 그대로"인 체제는 결국 불신을 낳는다. 지급이 커질수록, 선별·삭감·낙인·정치적 거래의 유인이 커지고, 그 과정에서 대중은 "나는 고객이 아니라 피관리자"라는 감각을 갖게 된다.

공주민제가 기본소득과 갈라지는 지점이 여기다. 공주민제는 '돈의 양'보다 권리의 질—즉 소유권·의결권·감사권의 구성—을 먼저 고정한다.

4) 통제력의 집중은 '포획'으로 현실화된다

통제력이 집중되면, 그다음은 포획(capture)이다. 포획은 도덕 문제라기보다 구조 문제다. 거대 자산·플랫폼·정책 펀드는 언제든 정치권력, 금융 엘리트, 플랫폼 권력이 결정 경로를 장악하려는 유인을 낳는다. 그래서 여기서의 핵심 위험은 '부'가 아니라 '결정의 고정'이다.

이 때문에 공주민제는 통제력에 천장을 씌우는 헌정적 상한(cap)을 설계의 중심에 둔다. 상한은 소유를 벌주는 장치가 아니라, "많이 가질 수는 있어도 혼자 결정할 수는 없다"는 원리를 기술·법·감사로 강제하는 장치다. 의결권 상한, 위임 상한, 재위임 제한, 룩스루 합산, 시간지연(쿨링오프), 이중승인, 이해상충 공시, 추출 상한(수수료·특수거래·성과보상 환수) 같은 규칙이 함께 묶일 때, 분배는 시혜가 아니라 권리가 된다.

5) 결론: 전환기의 대립선은 '돈의 크기'가 아니라 '결정권의 배치'다

따라서 "노동 vs 자본"이 "무지분 vs 유지분"으로 이동한다는 말은, 임금·복지의 문제가 자본·권리·통제의 문제로 이동한다는 뜻이다. 전환기 갈등을 관리하려면, 현금의 액수보다 먼저 결정권의 분산을 설계해야 한다. 공주민제의 목표는 바로 이것이다.

- 분산 소유: 무지분 상태(자본/지분 접근권 0)를 구조적으로 제거한다.
- 분산 의결: 지분이 다시 소수의 운용 엘리트·플랫폼·정치권으로 재집중되는 경로를 상한과 프로토콜로 봉쇄한다.
- 분산 책임: 감사·준법·제재·항소의 구조를 내장해, 권력이 생기는 자리마다 책임이 따라붙게 한다.

전환기에서 시민이 진짜로 원하는 것은 "더 많은 용돈"이 아니라 "내 몫이 권리로 고정되고, 규칙이 내 참여로 바뀌며, 결정권이 독점되지 않는 사회"다. 불만은 돈으로 쌓이지만, 폭발은 통제력에서 일어난다. 이 점을 직시하는 순간, 공주민제는 복지 논쟁의 변형이 아니라 새 헌정 설계로 읽힌다.

3.3. '무지분 vs 유지분'의 정확한 정의: 지분은 주식 몇 주가 아니라 '권리 묶음'이다

이 장에서 말하는 지분은 단순한 금융상품이 아니다. 지분은 최소한 네 가지 권리의 묶음이다.

- 생산수익 접근권: 배당·자본이득 등 생산 성과에 접근할 권리
- 의결 접근권: 생산 방향·규칙 결정에 참여할 권리
- 완충 접근권: 위기 시 생존을 버티는 자산 기반
- 미래 접근권: 축적·승계·출발선의 권리

공주민제 선언은 이를 "기회자본(opportunity capital)의 사회화"로 정리한다. 공주민제가 표적으로 삼는 것은 "누가 더 많이 가졌는가"가 아니라 "누가 아예 진입하지 못하는가"이며, 누구도 "자본 접근권 0"으로 남지 않게 하는 것이 핵심이라고 말한다. 그리고 기회자본은 현금이 아니라 권리의 묶음(금융 접근권, 정보/데이터/교육 접근권, 시장 접근권, 의결 접근권 등)으로 구성된다고 명시한다.

따라서 '무지분'은 단지 자산이 적은 상태가 아니다. 권리 묶음에서 배제된 상태다. '유지분'은 부자가 되는 상태가 아니다. 권리 묶음에 진입해 소비자·주권자로 남는 상태다. 공주민제의 목표가 "새 최대주주"가 아니

라 "사회적 균형(분산 소유·분산 의결·분산 책임)"이라는 말도 이 맥락에서 이해해야 한다.

3.4. 새 계급 지도: 초유지분층, 유지분 시민, 무지분 대중

공주민제 선언은 노동 배제 이후 사회가 급격히 두 계급으로 재편된다고 서술한다. 자동화 생산 설비와 지적재산권을 독점한 초유지분층과, 팔 노동력은 있으나 가치가 인정되지 못하는 무지분 대중이다. 이것이 "21세기판 신분제"이다.

공주민제의 목표는 양극을 "도덕적으로 비난"하는 게 아니라, 유지분 시민을 대규모로 만들어 양극 재편 자체를 막는 것이다.
- 초유지분층(통제지분층): AI 원천기술·데이터·컴퓨팅·플랫폼 규칙을 통해 생산과 규칙의 '결정권'을 사실상 독점하는 층(의결권과 인프라 지배가 결합된 상태).
- 유지분 시민(분산지분 시민): 통제권을 독점하지는 않지만, 분산된 지분권을 통해 생산수익과 일부 의결에 접근하는 대다수 시민(공주민제가 만들려는 표준).
- 무지분 대중(자본 접근권 0): 노동이 줄어들수록 생존 기반이 사라지고 소비자로 남기 어려운 집단

이 분류가 중요한 이유는, 사회의 안정은 "초유지분층을 없애는 것"이 아니라 유지분 시민을 충분히 크게 만드는 것에서 결정되기 때문이다. 유

 공주민제(DCA)노동 이후 사회의 '권리-자본-거버넌스' 재설계

지분 시민이 확대되면, 시장은 소비자를 유지하고 민주정은 주권자를 유지한다. 무지분 대중이 다수가 되면, 둘 다 무너진다.

1) 임금교섭 → 접근권 투쟁

과거에는 임금·근로조건이 전장이었다. 이제는 "누가 어떤 경로로 지분을 획득할 수 있는가(접근권)"가 전장이 된다. 접근권이 막히면, 노동이 아무리 성실해도 장기적으로는 소비자 지위를 유지하기 어렵다.

2) 복지 논쟁 → 권리 논쟁

지급의 규모를 둘러싼 논쟁은 필연적으로 조세·재정·선별 갈등으로 빨려 들어간다. 반면 권리(지분) 기반 환류는 "시민이 무엇을 **받는가**"가 아니라 "시민이 무엇을 **가지는가**"로 논쟁의 좌표를 옮긴다.

3) 국가 vs 시장 → 포획 vs 분산(제도공학)

전환기에는 국가가 분배를 전담하려 할수록 국가는 커지고, 국가가 커질수록 포획 위험이 커진다. 반대로 국가가 방기하면 사회는 균열되고 소비는 붕괴한다. 따라서 새 전선은 "국가냐 시장이냐"가 아니라 "포획될 구조냐, 분산될 구조냐"다.

3.5. 왜 이것이 '문명 유지 조건'의 격차인가: 무지분 다수는 시장도 민주주의도 동시에 흔든다

무지분 대중이 다수가 되는 순간, 사회는 두 개의 동시 위기를 겪는다.

1) 경제 붕괴(시장 기능의 붕괴)

소비자가 사라지면 기업은 매출을 잃고, 투자와 고용이 무너진다. 이때 기업은 더 자동화하고 더 비용을 줄이며 더 노동을 배제하는 방식으로 대응한다. 결과적으로 무지분은 더 확대된다. 악순환이 닫힌다.

2) 정치 붕괴(정당성 붕괴)

무지분 다수가 생존을 정책에 의존하게 되면, 복지는 "권리"가 아니라 "재량"으로 취급되기 쉽다. 지급은 선별되고 낙인찍히며, 통치의 도구로 변할 위험이 커진다. 이때 민주정은 계약이 아니라 관리가 된다.

결론은 간단하다. 이 대립은 단지 빈부격차의 문제가 아니라, 시장이 소비자를 유지할 수 있느냐, 민주정이 시민을 유지할 수 있느냐의 문제다. 그래서 문명 유지 조건의 격차다.

3.6. 사례 1: 플랫폼-프레카리아트 사회에서 "임금 교섭"이 사라질 때

가상의 도시 A를 생각해 보자. 이 도시는 플랫폼 기반 배달·운송·콘텐츠·클라우드 작업이 늘어나며 "전통적 고용"이 줄었다. 사람들은 일하지만, 법적 고용관계는 약하고, 소득은 변동적이다. 플랫폼은 알고리즘으로 가격과 배차를 통제한다.

이 구조에서 '노동 vs 자본' 갈등은 어디에서 벌어지나? 공장 담장도 없고, 단체협약도 약하다. 개인이 플랫폼과 협상할 수 없다. 결국 갈등은 임금교섭이 아니라 플랫폼의 규칙(수수료율·노출·평점·계정정지)과 그 규칙을 정하는 통제력으로 이동한다.

   공주민제(DCA)노동 이후 사회의 '권리-자본-거버넌스' 재설계

여기서 무지분/유지분의 차이가 드러난다.

유지분 시민은 플랫폼/인프라 기업의 성과(배당·자본이득)에 접근할 뿐 아니라, 규칙 변경에 대한 최소한의 의사 반영 경로(의결/감시)를 가질 수 있다.

무지분 대중은 규칙의 수혜자도 주체도 아니고, 규칙의 "대상"이 된다.

이때 복지가 소득을 보완해도, 규칙 제정권이 소수에 집중되어 있으면 사회의 방향은 변하지 않는다. 갈등은 지속되고, 정당성 위기는 커진다. 그래서 공주민제는 "소득의 양"이 아니라 "권력의 질"로 초점을 옮긴다.

제2부

철학적 정당성: 권리로서의 자본

제4장

지분 접근권:
롤스 정의론의 현대적 확장

4.1. '복지국가 자본주의'의 실패와 '재산소유 민주주의'

현대 민주주의의 철학적 지표인 존 롤스(John Rawls)는 그의 저서『정의론』[2]에서 두 가지 분배 모델을 구분했다. 하나는 우리가 익히 아는 '복지국가 자본주의(Welfare State Capitalism)'이고, 다른 하나는 그가 진정한 대안으로 제시한 '재산소유 민주주의(Property-Owning Democracy)'다(Rawls, 1971/1999; Rawls, 2001).

복지국가 자본주의는 생산 수단의 소유는 소수에게 맡겨 두고, 사후에 세금을 걷어 소득을 재분배한다(Rawls, 2001). 반면, **재산소유 민주주의는 생산 수단과 자본에 대한 소유권을 처음부터 시민들에게 광범위하게 분산**시키는 데 집중한다(Rawls, 2001).

---

2   Rawls, John. A Theory of Justice. Harvard University Press, 1971 (rev. ed. 1999).

노동 소멸 시대에 롤스의 통찰은 더욱 절실해진다. 노동이 사라진 사회에서 사후적 복지에만 의존하는 시민은 국가의 '수혜자'로 전락하여 자율성을 잃게 된다. 공주민제(DCA)는 모든 시민이 자본의 지분을 가짐으로써 타인의 시혜에 의존하지 않고 주체적으로 살아갈 수 있는 '물적 기반'을 보장한다는 점에서, 롤스의 기획을 21세기에 완성하려는 시도다.

4.2. 차등의 원칙과 '자산(지분) 접근권'의 정의

롤스의 차등원칙은 불평등을 도덕적으로 금지하는 원칙이 아니라, 불평등이 허용되는 제도 조건을 묻는 원칙이다. 중요한 점은 "최약층에게 이익"이 단지 소득의 사후 이전(현금 지급)으로 충족되지 않는다는 데 있다. 롤스가 복지국가 자본주의를 불충분한 체제로 본 이유는, 그것이 최소한의 생활을 보장하더라도 시민을 독립적인 사회 구성원으로 만드는 '물적 기반(material basis of independence)'을 충분히 제공하지 못하고, 결과적으로 정치적 평등(특히 정치적 자유의 공정한 가치)을 자본의 집중 앞에 취약하게 만들 수 있기 때문이다.

노동 소멸 국면에서는 이 취약성이 더 급격히 확대된다. 과거에는 최약층에게 돌아가는 "최대의 이익"이 임금 상승이나 일자리 접근으로 구현될 여지가 컸다. 그러나 자동화가 생산의 핵심을 담당하는 사회에서 최약층이 가장 절실하게 필요로 하는 것은 "일자리" 그 자체가 아니라, 부의 원천(생산수단)에서 발생하는 수익과 결정권에 접근할 수 있는 지분이다. 다시 말해 차등원칙의 현대적 의미는 "사후적 보조가 충분한가"가 아니라, 기본구조가 최약층에게도 자본수익의 흐름과 의사결정에 대한 최소한의 참여 기반을 '권리로서' 부여하는가로 이동한다.

자본수익이 장기적으로 소득·부의 집중을 강화하는 경향이 지속되는 조건에서, 지분 없는 대중을 방치하는 것은 차등원칙(최약층에 최대 이익)과 '시민의 독립성'이라는 정의의 요구에 정면으로 배치된다(Piketty, 2014). 피케티는 장기적으로 자본수익률(r)이 경제성장률(g)을 상회하는 구간이 반복될 경우, 상속·축적을 통해 불평등이 증폭될 수 있음을 논증한다(Piketty, 2014). 다만 r>g는 불평등을 한 방향으로 미는 구조적 압력이지만, 역사적 조건·제도·충격에 따라 그 작동 강도와 양상은 달라질 수 있다(Piketty, 2014).

　공주민제(DCA)노동 이후 사회의 '권리-자본-거버넌스' 재설계

제5장

사회화의 재정의:
결과의 평준화가 아닌 '기회자본'의 제도화

5.1. '사회화'는 몰수가 아니라, 권리의 사전 배치다

공주민제가 말하는 사회화는 과거 사회주의의 국유화와 다르다. 국유화는 소유의 주체를 '국가'로 바꾸며 통제권을 관료제에 집중시키기 쉽다. 공주민제의 사회화는 소유의 주체를 '국가'로 옮기지 않는다. 사회화의 대상은 "누가 더 많이 가졌는가"가 아니라 "누가 처음부터 접근할 수 있었는가"라는 구조다. 핵심은 기회자본(자본 접근권)을 제도적으로 배치해, 누구도 '무지분 상태'로 방치되지 않게 만드는 것이다.

이때 사회화는 결과를 평준화하는 재분배가 아니라, 권리의 사전 배치(Pre-distribution)다. 시민은 복지의 수혜자가 아니라 자본권리의 보유자가 된다. 공주민제가 기본소득과 갈라지는 지점도 여기다. 기본소득은 "얼마를 줄 것인가"라는 지급의 양에 집중하지만, 공주민제는 "누가 소유하고 누가 결정하는가"라는 권력의 질을 문제 삼는다.

5.2. '빼앗음'이 아니라 '규칙의 선점'이다

사회화 논증이 실패하는 가장 흔한 이유는 상대에게 "그래서 내 것을 왜 가져가나?"라는 단순 반문을 허용하기 때문이다. 공주민제는 사회화를 이 반문을 구조적으로 차단하는 방식으로 정식화한다.

1) 기존 재산의 몰수·징벌이 아니다

공주민제가 겨냥하는 핵심은 이미 축적된 개인 재산을 빼앗는 것이 아니라, 앞으로 발생하는 거대한 자본수익과 지대가 특정 소수에게만 귀속되도록 설계돼, 무지분 대중이 구조적으로 배제되는 경로를 끊는 것이다. 과거의 소유를 처벌하는 모델이 아니라, 미래의 성과가 자동으로 배제되지 않게 만드는 모델이다.

2) 공공이 부담한 위험·제공한 조건에는 대가가 따른다

현대의 고수익은 순수한 기업가 정신만으로 만들어지지 않는다. 공공연구, 인프라, 교육, 제도적 안정성, 규제 독점, 네트워크 효과 같은 사회적 조건이 결합될 때 규모의 수익이 발생한다. 공주민제는 이 조건을 '도덕적 호소'가 아니라 계약·면허·규칙의 형태로 가격화한다. 즉, 사회화는 "내 것을 내놓으라"가 아니라 "이 시장에서 초과이익이 가능하게 만든 조건의 대가를 규칙으로 확정하자"다.

3) 정의의 대상은 돈이 아니라 통제력의 집중이다

대중의 불만은 결국 '돈의 격차'에서 시작하더라도, 폭발 지점은 대체

　　　　공주민제(DCA)노동 이후 사회의 '권리-자본-거버넌스' 재설계

로 '결정권(통제력)의 집중'이다. 무지분 대중은 생산과 소비의 규칙, 알고리즘의 기준, 가격 결정, 정보 접근, 심지어 정치의 의제 설정에서 배제된다. 공주민제는 이 문제를 "소득"이 아니라 "권리와 의결의 분산"으로 다룬다.

5.3. 지대(rent)의 확장: 토지에서 데이터·플랫폼·표준으로

전통 경제학에서 지대는 토지에서 발생하는 불로소득을 뜻했다. 하지만 21세기의 지대는 토지에만 있지 않다. 오늘의 지대는 (i) 데이터의 비대칭, (ii) 플랫폼의 네트워크 효과, (iii) 표준·프로토콜의 잠금효과, (iv) 인프라 독점, (v) 알고리즘의 분배권력에서 발생한다. 이는 단순히 "돈을 많이 버는 산업"의 문제가 아니다. 규칙을 점유한 자가 시장 전체의 선택지를 설계하는 구조가 지대의 본질이다.

따라서 공주민제에서 지대 환수는 세금처럼 소득을 걷어 나누는 방식으로 끝나지 않는다. 지대를 발생시키는 규칙의 층위(면허, 표준, 데이터 사용권, 자동화 크레딧, 공공조달 조건)에서부터 권리의 귀속 구조를 다시 설계한다.

5.4. 두 개의 영역, 두 개의 완결:
'공적 레일'과 '민간 레일'은 서로 닿지 않는다

여기서부터 공주민제의 핵심 전제가 들어간다. 공주민제는 사회화의 경로를 하나로 통합하지 않는다. 오히려 통합이 포획을 부른다고 본다. 그래서 사회화의 구현은 두 개의 영역에서 각각 완결된다.

- **공적 레일(국민사회지분계정)**: 보편권의 최소 바닥을 제도화한다. 자동 개설, 자동 귀속, 장기 축적, 예외 인출 같은 공적 규칙으로 "자본 접근권 0"을 구조적으로 줄인다. 이 레일의 환류는 공적 레일 내부에서만 시작하고 끝난다.
- **민간 레일(C-COT 및 유사한 자발 결사)**: 시민이 자발적으로 결성·참여하는 민간 소유 실험의 장이다. 민간 레일의 운용과 환류도 민간 레일 내부에서만 시작하고 끝난다. 국가는 민간 레일에 대해 운용 지시를 하지 않는다. 다만 포획 방지를 위한 법정 가드레일을 설정하고 위반을 제재한다.

이 분리는 선택이 아니라 헌정적 장치다. 공적 레일이 민간 레일의 성과를 흡수하면 민간은 공권력의 도구로 변질되고, 민간 레일이 공적 레일의 권리 장부를 대체하려 들면 보편권이 붕괴한다. 공주민제는 이 두 실패를 동시에 차단하기 위해 "완전 분리"를 전제로 출발한다.

5.5. '인류 공동의 유산' 논증의 위치: 보조 근거로만 사용한다

데이터와 지식을 "인류 공동의 유산"으로 설명하는 언어는 유용하지만, 이 장에서는 보조 근거로만 사용한다. 이를 핵심 근거로 세우면 논증이 도덕 호소로 오해되거나, "내 것에 대한 사후적 개입"이라는 프레임으로 논점이 이동할 위험이 있기 때문이다. 전환기의 설계 논증은 감정의 대립이 아니라, 구조의 대칭성과 규칙의 정합성 위에서 서야 한다.

현대 경제에서 혁신과 성장의 위험(고용·물가·지역 붕괴·공적 재정 부담·사회적 외부비용)은 사회 전체에 넓게 분산된다. 그러나 보상(초과이윤, 자본이득, 데이터 수익)은 주식·IP·플랫폼 소유 구조를 통해 소수에게 집중되기 쉽다. 따라서 문제는 "누가 더 많이 벌었나"가 아니라, 사회가 부담한 위험에 상응하는 성과 귀속 규칙이 부재한 상태가 지속된다는 점이다.

지대(rent)는 생산성과 경쟁의 결과가 아니라, 규칙·표준·허가·접속 조건을 점유함으로써 반복적으로 발생하는 초과수익이다. 플랫폼의 수수료·노출 규칙, 데이터 접근권·학습권, 조달·인증 기준처럼 "룰의 자리"를 누가 쥐느냐에 따라 시장의 몫이 선결정된다. 그래서 핵심은 재분배가 아니라, 지대를 만드는 규칙 점유를 제도적으로 분해·제한하는 설계다.

결정권(통제력)이 집중되면 그 자체가 다시 규칙을 만들고, 그 규칙이 다시 통제력을 강화하는 자기강화 루프가 형성된다. 이때 갈등은 "돈의 크기"가 아니라 "미래의 선택지가 누가 결정되느냐"로 이동하며, 사회화 논증은 쉽게 '몰수' 프레임에 갇힌다. 따라서 전환기 설계의 우선순위는 현금 이전보다 먼저, 결정권이 고정되지 않도록 상한·만료·지연·로그·항소 같은 헌정 규칙을 내장하는 것이다.

정리하면, 공주민제에서 핵심 근거는 "공동의 유산"이 아니라 (i) 위험-보상의 비대칭, (ii) 규칙 점유로 발생하는 지대, (iii) 결정권 집중의 정치경제학이다. "공동의 유산"은 이 구조를 이해시키는 보조 언어로만 제한해 사용한다.

제6장

자본 접근권의 권리화:
지분 접근권(지분·수익·의결)의 설계

6.0. 이 장의 테제: "배당을 받는다"가 아니라 "권리자로 산다"

노동 소멸 시대에 시민의 안정은 임금이나 현금 보조만으로 유지되지 않는다. 핵심은 자본수익에 접근할 권리, 그리고 의사결정에 접근할 권리다. 이 두 권리가 없다면 시민은 생존의 조건을 스스로 통제할 수 없고, 민주주의는 형식만 남는다. 따라서 자본 접근권은 단순한 정책 수단이 아니라, 전환기 문명의 기본권으로 권리화되고 제도화되어야 한다.

이 장에서는 '자본 접근권'이라는 상위 목표를, 제도에서 작동 가능한 구체 형태인 '지분 접근권(지분·수익·의결의 결합)'으로 설계한다. 여기서 말하는 지분은 주식 몇 주를 뜻하지 않는다. 지분은 최소한 다음 네 가지 권리를 결합한 권리 묶음이다.

- **생산수익 접근권**: 배당·자본이득 등 생산 성과에 접근할 권리
- **의결 접근권**: 생산 방향과 규칙 결정에 참여할 권리(혹은 그 결정 과

정의 통제 가능성)

- **감사·설명 요구권**: 운용과 의사결정의 투명성을 요구할 권리(로그·공시·감사)
- **지속·보호 장치**: 단기 소진을 막는 락업, 포획을 막는 상한, 권리의 비가역성(정치적 임의 철회 차단)

이 네 가지가 함께 있을 때, '배당을 받는다'는 상태가 '권리자로 산다'는 상태로 바뀐다. 덧붙이면 지분 접근권은 위기 국면에서 삶을 지탱하는 완충의 기능(위기 시 강제 청산을 줄이는 자산 기반)과, 시간이 지날수록 출발선을 두껍게 만드는 미래의 기능(축적·승계·출발선의 권리)을 포함한다. 공주민제 선언은 이를 "기회자본(opportunity capital)의 사회화"로 정리한다.

6.1. '복지국가 자본주의'의 한계와 '재산소유 민주주의'의 재가동

현대 민주주의는 오랫동안 "사후 재분배"를 핵심 처방으로 삼아 왔다. 생산수단의 소유가 집중되어 있어도, 세금을 걷어 이전하면 최소한의 안정이 보장된다는 논리다. 이 모델이 흔히 복지국가 자본주의로 불리는 형태다. 그러나 노동 소멸 국면에서는 이 모델의 한계가 구조적으로 확대된다.

6.1.1. 사후 재분배는 시민을 "권리자"가 아니라 "수혜자"로 고정한다

사후 재분배는 시민에게 현금을 이전하지만, 생산수단의 소유 구조는 그대로 둔다. 그 결과 시민의 생존은 제도적 권리라기보다 정책 재량(선별·삭감·조건부 지급)에 의존하기 쉽다. 전환기가 길어질수록 이 의존은

심리적·정치적 형태로 굳어진다. 시민은 자신을 사회의 공동 소유자라기보다 국가의 지원 대상, 혹은 관리 대상으로 경험한다. 이 구조는 단지 자존감의 문제가 아니다. 사회의 방향을 결정하는 권력이 계속 소수에 머물기 때문에, 불만은 결국 "돈의 부족"을 넘어 "결정권의 집중" 문제로 전환된다.

6.1.2. 노동 소멸 시대에 '최약층의 최대 이익'은 임금이 아니라 지분 접근권이다

정의의 관점에서 핵심은 '최약층에게 최대의 이익이 돌아가는가'이며, 과거에는 그것이 주로 일자리와 임금의 형태로 구현되었다. 그러나 자동화가 생산의 핵심을 맡고 인간 노동의 비중이 구조적으로 감소하는 사회에서, 최약층에게 가장 절실한 것은 "더 많은 노동 기회"가 아니라 "부의 원천에 대한 접근권"이다.

여기서 접근권은 현금 이전이 아니라 지분이다. 지분은 배당을 통해 소득의 바닥을 만들고, 의결과 감시를 통해 결정권의 독점을 견제하며, 장기 축적을 통해 세대 단위의 출발선 격차를 완화한다. 즉, 지분 접근권은 복지의 대체물이 아니라, 노동 소멸 시대의 자유와 존엄의 물적 기반이 된다.

6.1.3. 재산소유 민주주의의 핵심: "정치적 평등"을 경제 구조에 고정한다

복지국가 자본주의가 취약한 지점은 정치적 평등이다. 생산수단 소유가 집중된 상태에서, 정치적 자유는 형식적으로는 평등해도 실질적으로는 불평등해진다. 로비, 미디어 영향력, 규칙 설계권, 정책 포획이 구조적

 공주민제(DCA)노동 이후 사회의 '권리-자본-거버넌스' 재설계

으로 발생한다. 따라서 대립선의 이동(무지분 vs 유지분)은 단지 경제적 격차가 아니라, 민주주의의 작동 방식 자체를 겨냥한다.

재산소유 민주주의는 이 문제를 "사후 보정"이 아니라 "사전 분산"으로 다룬다. 즉, 시민 다수가 생산수단과 자본에 대한 소유권을 넓게 보유하도록 기본구조를 설계한다. 공주민제는 이 기획을 21세기 조건(데이터·알고리즘·플랫폼·자동화)에서 재가동한다. 그 핵심은 "국가가 소유한다"가 아니라 "시민이 권리로 소유한다"는 점이다. 시민이 권리자로서 자본에 접근할 때만, 복지는 시혜가 아니라 안전망이 되고, 혁신은 위협이 아니라 공유 가능한 성장으로 인식된다.

6.2. 지분 접근권을 기본권으로 구성하는 방법: 권리의 내용과 경계, 그리고 제도 번역

권리는 선언만으로 성립하지 않는다. 권리는 "무엇을 요구할 수 있는가"와 "무엇을 요구할 수 없는가"를 함께 정의할 때 제도적 안정성을 갖는다. 지분 접근권을 기본권으로 구성하려면 최소한 세 가지를 명확히 해야 한다.

- 권리의 내용(무엇이 포함되는가)
- 권리의 경계(무엇이 몰수로 오해되지 않게 하는가)
- 권리의 제도 번역(어떤 장치로 자동 집행되는가)

6.2.1. 권리의 내용: "최소 지분 바닥" + "통제력 견제" + "투명성"

지분 접근권의 최소 내용은 다음과 같이 구성된다.

1) 최소 지분 바닥(Universal Equity Floor)

모든 시민에게 자동으로 귀속되는 최소 수준의 사회지분이 존재해야
한다. 이는 "현금 보조"가 아니라, 생산 성과가 발생할 때마다 환류되는
권리의 바닥이다. 바닥이 있어야 자본 접근권 0이 제거된다.

2) 통제력 견제(Decision Power Check)

지분이 배당만 있고 의결·감시가 없다면, 권리는 다시 시혜로 퇴행한다.
최소한의 의결 참여, 혹은 의결권 상한과 같은 통제력 견제 장치가 권리 내
용에 포함되어야 한다. 핵심은 **"대다수 시민이 완전한 경영을 수행한다"**
가 아니라, "누구도 결정권을 독점하지 못한다"는 헌정적 조건이다.

3) 투명성(Transparency as a Right)

권리는 정보 없이는 무력하다. 운용의 공개, 의사결정 로그, 독립감사,
설명 요구권은 지분 접근권의 필수 구성요소다. 시민이 권리자로서 자신
이 가진 지분이 어떻게 운용되는지 알 수 있어야 한다.

6.2.2. 권리의 경계: "기존 재산을 뺏지 않는다"가 아니라 "미래 귀속 규칙
을 고정한다"

반발을 줄이는 핵심은 도덕적 설득이 아니라 설계의 문법이다. 지분 접
근권은 과거 재산에 대한 소급 몰수로 구성되지 않는다. 핵심은 미래에

 공주민제(DCA)노동 이후 사회의 '권리-자본-거버넌스' 재설계

발생하는 지대·초과이익·공공 위험 부담의 대가에 대한 귀속 규칙을 고정하는 것이다. 즉, 권리는 "누군가의 것을 빼앗는 권리"가 아니라 "새로운 가치 흐름이 생길 때 시민이 권리자로 참여할 수 있는 규칙"이다.

이 경계가 분명해지면 두 가지 효과가 생긴다.

- 유지분층은 예측 가능성을 얻고, 시장은 그 규칙을 가격에 반영할 수 있다.
- 무지분층은 시혜가 아니라 권리를 얻고, 불만의 축적이 결정권 투쟁으로 폭발할 가능성이 줄어든다.

따라서 지분 접근권은 '부의 평준화'가 아니라 '권리의 바닥'이며, 동시에 '포획 방지'의 헌정 장치와 한 세트로 설계된다.

6.2.3. 권리의 제도 번역: "공적 계정–민간 권리 레이어–공통 헌정(DDP)" 3층으로 자동 집행한다

지분 접근권이 현실에서 작동하려면, 권리를 자동 집행하는 최소 인프라가 필요하다. 공주민제는 이를 "한 기관·한 신탁·한 거버넌스"로 통합하지 않는다. 오히려 통합이 포획을 부른다고 보고, 공적 영역과 민간 영역의 회로를 섞지 않은 채, 권리·의결·감사를 각각의 층위로 분해해 설계한다.

1) 1층: 국민사회지분계정(N-DSA)(공적 레일의 개인 단위 자동 계정)

모든 시민에게 자동 개설되는 권리 장부다. 환류는 예산이 아니라 이 계정으로 귀속되어야 한다. 그래야 시민은 수혜자가 아니라 권리자가 된다. 계정은 단지 "지분 적립 통장"이 아니라, 공적 자산 풀에 대한 개인 몫

(단위/지분권)을 기록하고, 환류(배당/분배금) 수령권을 중심으로 설계된다. 핵심은 보편권의 바닥을 정치적 재량이 아니라 귀속 규칙으로 고정하는 것이다.

2) 2층: 민간 분산지분 권리 레이어(시민 주주권 직접민주 인프라)

민간에는 이미 개인 투자, 연금/DC·ISA, ETF/펀드, 우리사주 등 다양한 경로로 분산 보유가 존재한다. 문제는 "소유가 분산되었는데도 의결은 대리인의 병목에서 재집중"된다는 점이다. 그래서 2층의 과제는 권리를 결집·숙의·행사할 수 있게 만드는 표준 인프라를 구축하는 일이다(전자투표·전자위임·유동적 대리·정보 공공재화·이해상충 공시)(Ford, 2002; Blum & Zuber, 2016).

국민사회지분계정만으로 전환기 취약층의 기본 생활과 시민의 기본권이 즉시 담보되지 못하는 구간에서, C-COT는 그 권리 공백을 메우는 민간 보조 장치로 선택된다. 저축이 부족한 계층의 초기 지분 형성(예: 제한적 레버리지·보수적 파일럿), 특정 공익 목적의 장기 풀링 등 필요한 경우에만 사용한다. 민간 레일의 운용과 환류는 민간 레일 내부에서 시작하고 끝난다.

3) 3층: 분산의결 프로토콜(DDP)(공통 헌정)

거버넌스는 기술이 아니라 헌정 장치다. 핵심은 "누가 대표하느냐"가 아니라 "대표권이 집중되지 않게" 만드는 규칙이다. 3층은 공적 레일(N-DSA의 스튜어드십)과 민간 레일(주주권 직접·위임 행사)에 공통 적용되는 최소 규칙 묶음이다.

의결권 상한(voting cap), 위임 상한(proxy cap), 위임의 만료(단기 소멸), 의사결정 로그(decision log), 냉각기간(cooling-off)과 재결정(2차 확정), 이해상충 제한·공시, 시간지연·이중승인 같은 장치가 포함되어야 한다. 이 규칙들이 없으면 권리는 곧바로 포획되고, 사회화는 국유화 공포로 되돌아간다.

제3부

제도 설계: 자본의 분산 소유(DCA-ESOP 2.0)

제7장

국민사회지분계정: 주권의 디지털 장부

7.0. 이 장의 테제: "복지 계좌"가 아니라 "권리 장부"다

제2부에서 사회화를 '결과 평준화'가 아니라 '귀속 규칙'으로 재정의했고, 제6장에서 자본 접근권을 노동 소멸 시대의 새로운 인권으로 끌어올렸다. 이제 남은 과제는 하나다. 그 귀속 규칙과 권리를 **정치적 재량이 아니라 법적 구조로 고정**하는 일이다.

국민사회지분계정은 그 고정 장치다. 국민사회지분계정은 정부가 지급하는 현금 보조의 통장이 아니라, 시민이 사회적 자산에 대해 가지는 **법적 소유권(Property Right)**을 증명하는 디지털 장부다. 출생과 동시에 자동으로 개설되며, 공적 자본수익(국부운용 성과)과 자동화 초과이익 등 '사회적으로 귀속되어야 할 몫'이 이 계정으로 **자동 환류**된다. 자산은 원칙적으로 양도·담보 제공이 제한되고(락업), 은퇴나 교육·질병·재난 같은 예외 사유에서만 규칙에 따라 인출된다.

이 장은 국민사회지분계정이 왜 "주권의 장부"인지, 그리고 왜 반드시 "디지털"이어야 하는지, 무엇이 들어오고(환류), 무엇이 금지되며(락업), 어떤 방식으로 포획을 봉쇄하는지(상한·로그·이중승인)를 제도 설계의 언어로 정리한다.

7.1. '자본접근권 제로'의 구조적 해소: 계정 자동개설과 권리의 보편화

공주민제의 첫 번째 층위는 "누구도 자본 접근권 0 상태로 남지 않게 하라"는 목표를 제도로 번역하는 일이다. 이 번역의 핵심이 계정 자동개설이다. 국민사회지분계정은 시민의 삶에서 '직장'이나 '고용관계'가 사라져도 유지되는 보편 계정이어야 한다. 기존 우리사주(ESOP)나 직장 기반 자산형성은 고용관계 바깥의 인구를 포괄하기 어렵고, 이직·실직·플랫폼 노동의 파편화에 취약하다. 반면 국민사회지분계정은 직장 유무와 무관하게 유지되며, 직장을 옮겨도 중단 없이 자산이 축적되는 **포터블 자본권**(Portable Capital Rights)을 실현한다.

여기서 '보편성'은 단순한 복지의 보편성과 다르다. 보편복지가 생계의 바닥을 보장하는 '지출'이라면, 국민사회지분계정의 보편성은 자본수익에 대한 '지위'를 보장하는 권리의 보편성이다. 즉 시민을 수혜자가 아니라 권리자로 위치시킨다. 현금 배당은 사라질 수 있지만, 법적으로 보장된 '지분'은 뺏을 수 없는 권리가 된다는 명제가 바로 이 지점에서 제도 형태를 얻는다.

7.2. 왜 '디지털 장부'인가: 권리를 자동 집행하는 기술이 아니라, 권리를 변조 불가능하게 만드는 구조다

국민사회지분계정이 "디지털 장부"를 표방하는 이유는 유행하는 기술을 채택하기 위해서가 아니다. 핵심은 두 가지다.

첫째, 권리는 선언이 아니라 **집행**이다. 사회화의 귀속 규칙이 실제로 작동하려면 "언제, 얼마가, 누구에게, 어떤 근거로" 환류됐는지가 자동 기록되어야 한다. 기록이 사후 보고서로 남는다면, 그 사이에 은폐·지연·재량이 개입한다. 반면 모든 자금 흐름과 의사결정이 '의사결정 로그(Decision Log)'로 남고 상시 공개되는 구조에서는, 집행과 기록이 분리되지 않는다.

둘째, 권리는 항상 포획의 표적이 된다. 거대 자산 운용 체계는 정치권력과 자본 권력에 의해 포획될 위험이 있고, 공주민제는 포획을 가능성이 아니라 기본 가정으로 둔다. 그래서 인간의 선의가 아니라 시스템이 특정 임계치를 넘는 권력 집중을 허용하지 않는 '헌정적 상한'을 내장해야 한다. 국민사회지분계정은 그 상한을 "계정 단위의 규칙"으로 구현하는 토대다.

정리하면, 국민사회지분계정의 디지털성은 '편의'가 아니라 '권리의 비가역성'을 만들기 위한 설계 원리다. 누구도 기록을 지우거나 뒤집을 수 없고, 누구도 임의로 권리자를 바꿀 수 없는 장부. 이것이 주권의 장부다.

7.3. 국민사회지분계정의 핵심 규칙 4가지: 자동·보편·락업·포터블

7.3.1. 자동 귀속: 환류는 신청이 아니라 시스템 동작이어야 한다

국민사회지분계정은 출생과 동시에 자동 개설되고, 국부운용 성과나 자동화 초과이익의 일정 비율이 계정으로 **자동 환류**된다. 이것이 "정책이 주는 돈"과 "권리가 발생하는 몫"을 갈라놓는 최소 조건이다.

자동 귀속이 없다면, 환류는 지급 요건과 선별 기준을 둘러싼 정치 싸움이 되고, 그 순간 사회화는 다시 복지의 언어로 되돌아간다. 공주민제는 "복지/현금이전이 아니라 권리(지분) 기반 환류"라는 목표를 정책 구호가 아니라 시스템 동작으로 고정한다.

7.3.2. 보편성: 고용·소득·정치성에 의해 좌우되지 않는 권리

보편성은 두 방향에서 필요하다. 첫째, 고용관계 바깥 인구를 포괄하기 위한 보편성이다(플랫폼 노동자·프리랜서·미취업 청년·돌봄 노동 등). 둘째, 정치적 교체에 의해 흔들리지 않는 보편성이다. 국민사회지분계정의 권리성을 강화하려면, 계정의 존재와 최소 귀속 규칙을 법정화하고, 환류 원천과 연결 규칙을 표준화해야 한다.

7.3.3. 락업과 인출: '권리원금'은 고정하고 '유동수익'은 생활로 연결한다

국민사회지분계정의 목적은 현금 지급이 아니라 권리의 고정이다. 따라서 계정의 핵심 자산은 원칙적으로 양도·담보 제공이 금지되고, 권리원금(기본지분)은 비가역적 영구락업으로 설계된다. 누구도 이 권리를 처분하거나 담보로 제공할 수 없고, 어떤 사정도 시민의 기본지분을 소진시키는 방식으로 해결되지 않도록 한다. 이 원칙이 있어야 "자본접근권 0 제거"가 정책 구호가 아니라 제도적 사실로 성립한다.

다만 권리가 시민의 일상에서 체감되지 못하면 제도는 강제저축으로 오해되고, 정당성과 확산성이 약해진다. 그래서 국민사회지분계정은 **권리원금(지분)**과 **유동수익(현금흐름)**을 분리한다. 국부운용 성과·배당·사회배당·자동화 환류 등으로 발생하는 유동수익은 별도의 하위 계정에 적립되며, 시민은 이를 월 단위 또는 분기 단위로 생활비로 인출할 수 있다. 생활비 인출은 지분을 깎아 쓰는 처분이 아니라, 권리에서 발생한 수익을 사용하는 행위이므로 권리 자체(소유·의결)는 침식되지 않는다.

예외적으로 추가 축적된 지분(축적지분)에 한해 부분 인출을 허용할 수 있으나, 그 경우에도 행정 재량이 아니라 사전 규칙으로 상한·대기기간·패널티(예: 재유입 우선 규칙)를 고정한다. 동시에 기본지분과 의결권은 어떤 형태로도 양도·담보·매매가 불가능하도록 결박하여, 생활곤궁이 의결권 매수나 채권자 포획으로 이어지지 않게 한다. 포획 방지의 상한·로그·시간지연·이중승인 같은 가드레일은 계정의 권리성을 지키는 헌정 장치로 결합된다.

요컨대 국민사회지분계정의 락업은 "소비를 막기 위한 통제"가 아니라 "권리원금을 지키기 위한 헌정적 고정"이다. 그리고 생활비 인출은 락업의 예외가 아니라, 유동수익을 통해 권리를 생활로 연결하는 정상 동작이다. 이 구조가 성립할 때 장기 축적(전환기 붕괴 방지)과 단기 생계(정치적 수용성)는 충돌하지 않고 서로를 지탱하게 된다.

　공주민제(DCA)노동 이후 사회의 '권리-자본-거버넌스' 재설계

7.3.4. 포터블: 이직·지역·신분 변화에도 유지되는 '개인 권리'

국민사회지분계정은 직장 단위 계좌가 아니라 개인 단위 권리 장부다. 직장을 옮기거나 고용 상태가 바뀌어도 계정은 유지되고, 축적은 중단되지 않는다.

7.4. 무엇이 계정으로 들어오는가: '예산'이 아니라 '공적 자본수익'과 '지대 환류'다

국민사회지분계정은 세금을 재분배하는 통장이 아니다. 이 계정으로 들어오는 흐름은 크게 세 가지로 정리된다.

- 국부운용 성과(공적 자본수익)의 일정 비율
- 자동화 초과이익의 환류(지분 출연 또는 규제 크레딧 기반)
- 공공자산/데이터/AI 수익의 사회배당 프로토콜에 따른 환류

사회배당 프로토콜은 공공자산·데이터·AI 수익의 일정 비율을 규칙에 따라 환류시키는 설계이며, 이는 분배가 아니라 권리(지분) 기반 환류를 구축한다는 선언과 결합된다.

중요한 점은 "환류의 원천"과 "정책금융"을 섞지 않는 것이다. 국부운용(상업수익)과 정책금융(산업육성)의 혼재는 성과평가와 책임을 흐리며, 환류가 "정책 실패 은폐" 논쟁에 휘말리게 한다. 그래서 기관·회계·KPI까지 분리하는 '2트랙 분리(방화벽)'가 전제되어야 한다. 국민사회지분계정

은 이 방화벽 위에서만 정당성을 유지한다.

7.4.1. N-DSA의 가치는 숫자가 아니라 '현금흐름 귀속권'이다

"모든 국민에게 지분 접근권을 부여하면, 바탕이 되는 공적 자본의 수익성이 낮아져 N-DSA가 무의미한 숫자가 된다"는 비판은 자주 등장한다. 이 비판이 겨냥하는 핵심은 하나다. 권리 장부(N-DSA)가 실질 구매력으로 연결되는 경로가 약하면, 계정이 '정치적 현금지급'으로 오해되거나 실제로 그렇게 퇴행할 수 있다는 우려다.

여기서 먼저 확정해야 할 정의가 있다.

- N-DSA는 화폐가 아니다.
- N-DSA의 잔고는 "정부가 주는 돈"이 아니라, 사회적 자산에서 발생하는 분배 가능 현금흐름(net distributable cashflow)에 대해 시민이 가지는 법정 귀속권을 기록한 장부다.

따라서 공적 자본의 수익성이 하락하면 "권리"가 소멸하는 것이 아니라, 해당 기간의 1인당 환류액(유동수익)이 감소할 수 있을 뿐이다. 권리(원금) 자체가 흔들리면 제도는 붕괴한다. 그래서 설계의 초점은 "수익률을 높이겠다"가 아니라, 현금흐름을 '예산'이 아니라 '권리 기반 자동귀속'으로 고정하는 데 있어야 한다.

그 고정은 단일한 '국부펀드 수익률'에 매달려서는 안 된다. 공적 레일의 내구성은 재원의 층화(layering)에서 나온다.

- (A) 지대·사용대가(로열티) 계열: 희소자원 사용대가, 공공 인프라 사용료, 규칙·표준·인증이 만들어 내는 공적 지대 등은 경기 변동에

　　공주민제(DCA)노동 이후 사회의 '권리-자본-거버넌스' 재설계

덜 흔들리는 "기초층"이 된다.

- (B) 공적 자본수익(상업수익) 계열: 국부운용 성과는 변동성이 있으나 규모를 만들 수 있는 "성장층"이 된다. 단, 정책금융과 절연된 방화벽이 필수다.
- (C) 자동화 초과이익 환류 계열: 자동화가 생산성을 올리는 만큼, 그 초과이익이 시민의 권리로 되돌아오게 하는 "전환기 안정층"이 된다.

요컨대 "수익성이 낮아지면 무의미한 숫자"라는 비판은, 공적 레일을 단일 자산수익률로 오해할 때 성립한다. 공적 레일은 세금 기반 현금지급이 아니라, 로열티·상업수익·자동화 환류의 다층 현금흐름을 시민 계정에 자동 귀속시키는 구조로 설계된다. 숫자는 장부이고, 가치는 장부가 연결되는 현금흐름에서 발생한다. 이 연결을 법정 자동귀속으로 고정하는 순간, N-DSA는 "정책"이 아니라 "권리"가 된다.

7.4.2. '공공 데이터 신탁'은 세금이 아니라 'AI 사용권 로열티 스트림'으로 설계한다

데이터는 소유·프라이버시·동의·가치평가·국경(해외 모델/해외 매출) 문제가 얽혀 있어, 설계가 불명확하면 곧바로 정치화·사유화·불신의 표적이 된다.

그래서 **공공자산/데이터/AI 수익**은 다음 원칙으로 구체화돼야 한다. 핵심은 단 하나다. 데이터 자체가 아니라 'AI 학습·활용의 사용권'에서 발생하는 사용 대가를 로열티 스트림(지속적 사용료 현금흐름)으로 고정하는 것이다.

**1) 공공 데이터 신탁(Public Data Trust): 국가는 '운용자'가 아니라 '경계
조건 설계자'다**

- 국가는 직접 데이터를 팔거나 모델을 운영하는 주체가 아니다. 국가
  는 신탁의 경계조건(허용 범위·감사·제재·환류 규칙)을 법으로 확
  정하는 설계자다.

- 공공 데이터(행정·교통·환경 등)와 시민 제공 데이터(옵트인)를 "원
  본 판매"가 아니라 "목적 제한된 사용권"의 형태로만 다룬다.

- 개인권리 보호의 원칙은 단순하게 고정한다. 집행은 식별 기반으로,
  공개는 비식별·집계로 간다. 내부에서는 감사 가능한 로그로 검증하
  고, 외부에는 구조 데이터(집중도·이해상충·비용·제재 등)만 공개
  한다.

**2) AI 학습권·활용권 라이선스: '전략기술 지표'가 아니라 '실사용·상업
화'에 연동한다**

- "국가 전략 기술 지표" 같은 행정 지표에 가격을 연동하면, 곧바로 조
  작 가능성과 정치적 재량 논쟁이 붙는다. 그러면 데이터 재원은 다시
  예산처럼 보이고, 공적 레일의 권리성이 약해진다.

- 대신 라이선스의 대가는 실사용(학습/튜닝/검증/추론)과 상업화(매
  출/이익)에 연동한다. 다시 말해, 지표가 아니라 사용량·매출연동 로
  열티로 고정한다.

- 과금 구조는 하나로 고집할 필요가 없다. 중요한 것은 "정치적 협상"
  이 아니라 "사전 규칙"이다. 예를 들어 정액(접근료)+사용량(연산/쿼
  리)+매출연동(로열티)의 혼합도 가능하다.

3) 로열티의 자동 귀속: 데이터/AI 수익은 '사회배당 프로토콜'로 N-DSA에 자동 환류된다

- 신탁의 라이선스 수입 및 로열티 수입의 일정 비율은 사회배당 프로토콜에 따라 N-DSA로 자동 귀속된다.

- 이 자동 귀속이 깨지는 순간, 데이터 재원은 "정부가 마음대로 나눠주는 돈"으로 전락한다. 따라서 귀속 비율·정산 주기·감사·제재는 모두 법정 규칙으로 고정돼야 한다.

4) 국경(해외 모델·해외 매출) 문제: '국내 유통·국내 추론'에서 로열티를 포착한다

데이터/AI 수익을 공적 레일로 설계할 때 가장 자주 공격받는 지점은 국경 문제다. "해외 기업이 한국 데이터를 학습해 해외에서 돈 벌면 환류가 불가능하지 않나"라는 의문이다. 이 문제는 '학습 행위' 자체를 단속하려고 들면 실패한다. 대신 국내 시장에서의 유통·추론(inference)·상업화 지점에서 로열티를 포착하는 방식이 가장 단단하다.

- 국내 유통/서비스 요건(licensed-to-operate): 한국에서 모델/API/서비스를 제공하거나 한국 사용자에게 판매·구독을 받는 사업자는, 공공 데이터 신탁이 정한 라이선스 준수 증명(인증)을 충족해야 한다. 이 인증이 없으면 공공영역 조달·공공기관 사용·공공 API 연동을 제한하고, 반복 위반 시 제재(과징금·서비스 제한)를 걸 수 있다. 핵심은 "외국기업 차별"이 아니라 국내에서 영업하는 모든 사업자에게 동일 규칙을 적용하는 것이다.

- 추론 과금(usage-metered royalty): 학습보다 포착이 쉬운 지점은 추

론이다. 국내 사용자 트래픽(쿼리·토큰·API 호출량)과 국내 매출(구독료·광고·B2B 계약)을 기준으로 로열티를 산정한다. 이렇게 하면 모델이 해외에서 학습됐든, 가중치가 해외 서버에 있든, 국내에서 발생하는 경제활동에 대해 로열티 스트림을 만들 수 있다.

- 결제·배포 관문에서의 집행: 앱스토어·PG·통신사·클라우드 마켓·기업용 소프트웨어 리셀러 등 국내 상업화 관문에서 라이선스 준수 여부를 확인하는 절차를 두면 집행 비용이 내려간다. 세금처럼 광범위하게 걷는 게 아니라, 공공 데이터/결합 데이터의 사용으로 이익을 얻는 사업자의 국내 상업화 흐름에서 좁고 정확하게 포착하는 방식이다.

- 국내 기업의 해외 매출도 '원천'이 아니라 '연동'으로 처리: 국내 기업이 공공데이터 신탁의 라이선스를 활용해 모델을 만들고 해외에서 매출을 올리는 경우, 로열티는 "해외에서 거둬들인다"가 아니라 국내 라이선스 계약에 이미 포함된 매출연동 조항으로 자동 정산하면 된다. 즉, 환류는 해외 집행이 아니라 국내 계약·회계·감사에서 일어난다. (정산 실패 시에는 라이선스 갱신 제한, 공공 데이터 접근 제한이 바로 제재로 작동한다.)

- 정치화 방지 원칙: 국경 문제를 이유로 "전략기술 지표"나 임의의 행정가격에 기대면 즉시 조작 논쟁이 붙는다. 국경을 넘는 상황일수록, 로열티는 국내 사용량·국내 매출·국내 유통이라는 관측 가능한 변수에 연동돼야 한다. 그래야 예산 논쟁으로 떨어지지 않고, 권리 기반 자동귀속 구조가 유지된다.

     공주민제(DCA)노동 이후 사회의 '권리-자본-거버넌스' 재설계

따라서 국경 밖에서 벌어지는 학습 행위를 직접 단속하려는 발상은 현실성이 낮다. 공주민제(DCA)의 규율은 '학습'이 아니라 국내에서 발생하는 유통·추론(inference)·구독·광고·거래수수료 등 상업화 지점에서 집행되어야 한다. 이 지점에서 사용량과 매출이 관측 가능해지고, 라이선스·정산·감사·제재가 사전 규칙으로 고정되며, 정치적 협상이나 임의적 재량이 개입할 여지가 줄어든다.

5) '디지털 주권'과 국제 통상 규범(WTO/FTA)의 조화: 규제가 아니라 '공공 데이터 자산의 라이선스 비용'이다

국내 유통·추론(inference)·상업화 지점에서 로열티를 포착하는 설계는 집행이 단단하다는 장점이 있다. 그러나 외국계 빅테크는 이 구조 자체를 '비관세 장벽' 또는 '디지털 보호무역'으로 프레임화하며 분쟁화하려 할 수 있다. 따라서 DCA의 '디지털 주권'은 정치적 표어가 아니라, 통상 규범과 충돌을 최소화하는 비차별·투명성·국제표준의 구조로 번역돼야 한다. 방어의 핵심 원칙은 다음과 같다.

- **비차별(내국민 대우) 원칙의 구조화**: 기준은 '국적'이 아니라 '국내 상업화'다. 한국에서 모델/API/서비스를 유통하고, 한국 사용자에게 구독·광고·거래수수료·API 호출 등으로 매출을 발생시키는 주체라면 국내외를 막론하고 동일한 licensed-to-operate 요건과 동일한 산식·절차를 적용한다(WTO, 1994a, art. III; WTO, 1994b, art. XVII).
- **조세가 아니라 공공자산 사용료(라이선스 비용)로 정의**: 추론 과금과 데이터 대가는 벌금·과징금 같은 '징벌적 조세'가 아니라, 공공데이터 신탁이 제공하는 공공데이터·결합데이터·공공 API·검증환경

등 공공자산의 목적 제한 사용권에 대한 대가(사용료/로열티)로 규정한다. 즉 "세금을 더 걷는다"가 아니라 "공공자산을 상업적으로 사용하면 사용료를 낸다"로 고정한다.

- **공공목적의 보편 언어화**: '주권'이라는 단어는 분쟁에서 보호무역으로 오독되기 쉽다. 따라서 규율의 목적은 개인정보·민감정보 보호, 보안·안전성, 책임추적(감사로그), 소비자 보호 및 시장 신뢰 같은 보편적 공익 목적으로 전면화하고, '디지털 주권'은 그 목적을 실현하기 위한 경계조건(설계 방향)으로만 위치시킨다.

- **투명성·예측 가능성·적법절차의 프로토콜 내장**: 가장 큰 공격 지점은 행정 재량이다. 로열티 산식(변수), 정산 주기, 인증 요건, 감사·제재의 단계(경고→보정→자격정지/박탈), 이의제기·정정 절차를 모두 사전 공개 규칙으로 고정한다. 집행은 정치가 아니라 프로토콜(계약 가능한 규칙)로 보이게 해야 한다.

- **국제표준(ISO 등) 제안으로 '규제'가 아니라 '시장 접근 표준'으로 전환**: DCA 프로토콜을 체제 강요가 아니라 모듈형 표준으로 제안한다. licensed-to-operate, 로열티 정산, 감사로그, 이해상충 제재 같은 모듈이 상호인정 가능한 표준이 되면, 국내 제도는 "보호무역 규제"가 아니라 "국제 시장의 새로운 신뢰 인프라"로 전환된다.

요컨대 여기서 '디지털 주권'은 외국 기업을 배제하기 위한 장치가 아니다. 공공 데이터 자산의 사용권을 비차별·투명성·표준화된 라이선스로 정리하고, 그 사용 대가를 권리 기반으로 자동 환류시키는 구조다. 이 프레임이 고정되면, '비관세 장벽' 공격은 "차별"이 아니라 "동일 조건의 라이선스 체계"라는 구조 앞에서 약해진다.

그럼에도 또 다른 반론이 즉시 따라온다. 한 국가만 DCA를 먼저 시행하면, 글로벌 거대 테크 기업(Big Tech)과의 경쟁에서 국내 기업이 역차별을 당할 수 있다는 우려다. 이 우려를 해소하지 못하면, DCA는 "이상은 정교하지만 실행은 국내 산업을 약화시키는 규제"라는 공격에 취약해진다. 따라서 '국경 집행'의 설계와 함께, 글로벌 경쟁 환경에서의 생존 전략을 동일한 수준으로 완결시켜야 한다.

7.4.3. 글로벌 경쟁 환경에서의 생존 전략: DCA 프로토콜의 국제화와 '디지털 주권'의 규칙화

한 국가만 공주민제(DCA)를 먼저 시행하면, 국내 기업이 역차별을 당할 수 있다는 우려가 생긴다. 그러나 이 문제는 "국내 기업을 보호하자"라는 감정적 구호로 해결되지 않는다. 해결의 핵심은 규칙의 적용 범위를 '국적'이 아니라 '국내 시장에서의 상업화 행위'로 고정하는 데 있다. 즉, 국내에서 수익을 얻는 사업자라면 국내외를 불문하고 동일한 준수 요건을 통과하게 만들어야 역차별 프레임이 구조적으로 약해진다.

1) 역차별을 막는 1원칙: '국적'이 아니라 '국내 상업화'에 규칙을 건다

DCA가 국내 기업에만 추가 비용을 부과하는 형태가 되면 제도는 오래 못 간다. 반대로 "국내 시장에서 모델·플랫폼·서비스로 매출을 발생시키는 주체"라면 누구든 동일한 조건을 적용하면, 국내 기업만 규칙을 떠안는 구조가 아니다. 중요한 점은 학습 행위 자체를 단속하려는 환상을 버리고, 유통·추론·결제·광고·API 호출·구독 등 국내 상업화 지점에서 집행하는 것이다.

집행 장치는 단순해야 한다. "국내 시장에서 서비스하려면 공공데이터/AI 사용권 라이선스 준수 및 정산 규칙(로열티·매출연동·사용량)을 충족해야 한다"는 형태로 고정하면 된다. 이를 충족하지 못하면 공공조달·공공기관 사용·공공 API 연동에서 배제된다. 여기서 포인트는 '금지'가 아니라 시장 접근의 기본 조건(licensed-to-operate)으로 설계한다는 점이다. 이 조건은 외국계 빅테크에도 그대로 적용되므로, 국내 기업만 불리해지는 구조가 아니다.

2) '디지털 주권 보호'의 정당화: 배타적 특혜가 아니라 '공공 레일 접근 조건'이다

"디지털 주권"을 명분으로 국내 기업에 배타적 혜택을 부여하면, 곧바로 보호무역·정경유착이라는 공격을 받는다. 따라서 논리의 프레임을 바꿔야 한다. 공주민제에서 국가는 운용자가 아니라 경계조건 설계자다. 국가는 임의의 특혜를 주는 것이 아니라, 공공레일(공공데이터, 공공인프라, 공공조달, 공적 자본의 스튜어드십)에 대한 접근 조건을 설정한다.

따라서 '디지털 주권 보호'는 다음처럼 규칙으로 번역되어야 한다.

- 공공데이터 신탁·공공 API·공공조달 접근은 준수 증명(인증)을 통과한 사업자에게만 개방한다.
- 준수 증명의 핵심은 ① 사용권 라이선스(실사용·상업화 연동) ② 로열티의 자동 정산 ③ 자동 귀속(사회배당 프로토콜) ④ 감사 가능 로

 공주민제(DCA)노동 이후 사회의 '권리-자본-거버넌스' 재설계

그 및 위반 제재다.

- 이 조건은 "국내 기업만"이 아니라 국내 시장에서 수익을 얻는 모든 사업자에 적용된다.

이렇게 구성하면 '특혜'가 아니라 '공공자산 사용조건'이 된다. 디지털 주권은 배타적 보호가 아니라 공공 레일이 사유화되지 않도록 하는 헌정적 안전장치로 정당화된다.

3) 생존 전략의 두 번째 축: DCA를 '정책'이 아니라 '프로토콜 표준'으로 만든다

공주민제가 한 나라의 정책으로만 남으면 국제 경쟁에서 비용만 남는다. 반대로 공주민제를 프로토콜(규칙 묶음)로 표준화하면, 국내 기업은 "국내만의 규제"가 아니라 "국제 규칙을 먼저 내재화한 선도자"가 된다. 표준화의 대상은 이념이 아니라, 실제로 채택 가능한 인터페이스다. 공주민제는 다음의 규칙 모듈로 분해되어 국제 확산이 가능하다.

- 사회배당(자동귀속) 프로토콜: 공공자산/데이터/자동화 수익의 자동 정산·감사 규칙
- licensed-to-operate 인증 모듈: 국내 유통·추론·상업화 지점 준수 증명 요구 규칙
- DDP(분산의결 프로토콜) 모듈: 상한(cap)·만료(expiry)·지연(cooling-off)·다중승인·감사로그·제재·복구 규칙 세트
- 공공조달/공공 API 연동 규칙: 국가는 직접 운용자가 아니라, 공공 레일 접근을 통해 준수 유인을 만듦

국제 확산은 "전체 체제 이식"이 아니라 모듈 채택에서 시작한다. 어떤 나라는 '공공데이터 사용권 라이선스+정산'만 먼저 채택할 수 있고, 다른 나라는 '감사로그+이해상충 제재'부터 채택할 수 있다. 모듈이 확산될수록 공주민제의 국제 생태계가 생기고, 국내 기업은 규제의 희생자가 아니라 새 룰의 선점자가 된다.

4) 국내 기업의 실익을 명확히 한다: 규칙 비용을 '시장 신뢰 프리미엄'으로 전환한다

준수는 명분이 아니라 실익으로 증명되어야 한다. DCA 준수는 단기적으로 비용처럼 보일 수 있으나, 제도는 이를 다음의 실익으로 환산해야 한다.

- 공공조달·공공기관 레퍼런스 접근: 준수 기업은 공공조달·공공 인프라 연동에서 경쟁 우위를 가진다(특혜가 아니라 조건 충족의 결과다).
- 공공데이터/결합 데이터 접근: 공공데이터 신탁의 목적 제한 사용권을 합법적으로 활용해 데이터 병목을 줄인다.
- 글로벌 신뢰 레이블: 준수 증명은 해외 시장에서 규칙 기반 거버넌스·정산·감사의 신뢰 신호가 된다.
- 정치 리스크 감소: 사전 고정 규칙과 감사로그는 정권 교체·정치화에 따른 불확실성을 낮춰 장기 투자 비용을 줄인다.

즉 국내 기업은 DCA를 '부담'으로 감수하는 것이 아니라, 국내 시장의 룰북이 국제 룰북으로 확장되는 과정에서 선도 준수자 프리미엄을 확보하게 된다.

 공주민제(DCA)노동 이후 사회의 '권리-자본-거버넌스' 재설계

5) 결론: 글로벌 생존은 '보호'가 아니라 '룰의 수출'이다

공주민제의 국제 경쟁 전략은 세 문장으로 정리된다.

첫째, 국내 기업만 묶지 말고 국내 시장에서 돈 버는 모든 사업자를 규칙 안에 넣는다.

둘째, 공주민제를 국가 정책이 아니라 프로토콜 표준으로 쪼개어 수출한다.

셋째, 디지털 주권은 배타적 특혜가 아니라 공공 레일 접근 조건으로 규칙화한다.

이 세 가지가 동시에 서면, "한 국가만 DCA를 하면 국내 기업이 역차별"이라는 비판은 약해진다. 공주민제는 고립된 실험이 아니라, 국내 시장의 룰을 국제 규칙으로 확장하는 전략이 된다. 그리고 그 과정에서 국내 기업은 규제의 희생자가 아니라 새 룰의 선도자가 된다.

7.4.4. 글로벌 게임이론과 'DCA 호혜국 협약' 및 '추출 분담금'(디지털 주권 관세)

한 국가만 DCA를 먼저 시행하면 "국내 기업만 규범비용을 부담하고, 글로벌 빅테크는 우회·무임승차한다"는 비판이 생긴다. 이 비판은 단순한 인식 문제가 아니라 게임이론적 구조(무임승차/규제차익/자본도피 유인)에서 나온다. 각 국가는 "내가 먼저 규칙을 강하게 세우면 기업이 떠날 수 있다"는 두려움 때문에 규칙을 느슨하게 만들고, 그 결과는 '규칙의 하향경쟁(race to the bottom)'으로 귀결되기 쉽다.

따라서 DCA는 일국적 도덕 선언이 아니라, 협력 균형을 만드는 국제적 제도장치를 함께 제시해야 한다. 해법은 두 축으로 정리된다.

1) 'DCA 호혜국 협약(DCA Reciprocity Accord)': DCA를 "단독 규제"가 아니라 "클럽 규칙"으로 만든다

DCA 호혜국 협약의 핵심은 참여국들이 클럽 내부에서는 흐름을 열고, 클럽 밖에는 동일한 준수 경로를 열어둔 채 조건부 비용을 부과하는 방식이다. 즉, 배타적 보호무역이 아니라 규칙 준수 여부에 기반한 호혜(조건부 개방)다.

- 상호인정(Mutual Recognition)
- 참여국은 DCA 준수 인증(예: licensed-to-operate, 로열티 자동정산, 감사로그, DDP 핵심 규칙)을 상호 인정한다.
- 한 국가에서 인증받은 사업자는 다른 참여국에서도 동일 기준으로 시장 접근이 가능해진다(중복 규제비용 감소).
- 클럽 내부 자유화(Club Internal Free Flow)
- 준수 사업자에 한해 데이터·컴퓨팅·공공 API·공공조달 레퍼런스의 국경 간 협력을 확대한다(목적 제한 라이선스, 안전성 검증, 표준 계약을 전제로).
- 이는 "특혜"가 아니라 공공 레일을 사유화하지 않겠다는 헌정 규칙을 수용한 대가로 주어지는 접근권이다.
- 표준의 수출(Protocol Standardization)
- 협약은 전체 체제 이식이 아니라, DCA를 모듈(사회배당 자동귀속, licensed-to-operate, DDP 규칙세트, 감사·제재·복구)로 쪼개 국제 표준(사실상 표준, 또는 협약 표준)으로 확산시킨다.

- 참여국이 늘수록 "규칙 준수 = 더 넓은 시장 접근"이라는 네트워크 효과가 생기고, 선도 도입국의 역차별 위험이 줄어든다.

요컨대 호혜국 협약은 DCA를 '한 나라의 실험'에서 '국제 클럽의 규칙'으로 바꾼다. 게임이론적으로는 비협력 균형(무임승차)을 협력 균형(호혜·상호이익)으로 이동시키는 장치다.

2) '추출 분담금(Extraction Contribution)': 비준수 외부자본의 "국내 수익 추출"에 가격을 매긴다

호혜만으로는 충분하지 않다. 클럽 바깥의 사업자가 국내 시장에서 수익을 가져가면서 DCA 규범을 회피하면, 국내 준수자만 비용을 진다. 그래서 필요한 것이 추출 분담금이다. 다만 이것은 "외국기업 때리기"가 아니라, 다음 원칙으로 설계되어야 한다.

- 부과 기준은 '국적'이 아니라 '국내 상업화 + 비준수'다
- 국내에서 구독료·광고·수수료·API 매출 등 상업적 수익을 얻는 모든 사업자에게 동일하게 적용한다.
- 단, DCA 준수 경로(인증·정산·감사·제재 수용)가 항상 열려 있어야 한다. 즉, "내라"가 아니라 "준수하면 면제(또는 감면)"라는 구조다.
- 추출 분담금은 세금이 아니라 '시장 접근 조건에 붙는 사용대가(로열티형)'로 정의한다.
- 공공데이터/결합 데이터의 활용, 국내 사용자 트래픽(추론·호출량), 국내 유통·결제 관문을 통해 얻는 시장지대를 대상으로 한다.
- 핵심은 조세 재량이 아니라 사전 규칙이다. 부과율·산정식·정산주

기·감사·이의절차를 규칙으로 고정한다.

- 기술적 집행 지점은 '관문'에 둔다(디지털 관세의 실체).

- 앱스토어/마켓, 결제대행(PG), 광고거래소, 클라우드 마켓플레이스, 기업용 SW리셀러, 통신/플랫폼 과금 등 국내 상업화 관문에서 준수 여부를 확인한다.

- 관문에서 "준수 인증이 있으면 정상 정산, 없으면 추출 분담금 자동 부과"로 단순화하면 집행비용이 내려간다.

- 귀속처는 예산이 아니라 '권리 기반 자동귀속'으로 고정한다.

- 추출 분담금은 일반재정으로 섞이면 즉시 정치화된다. 따라서 사회 배당 프로토콜에 따라 국민사회지분계정(N-DSA)의 수익계정 또는 공공데이터 신탁의 로열티풀로 자동 귀속되게 설계한다.

- 이렇게 해야 분담금이 "정부가 걷어서 나눠 주는 돈"이 아니라 "국내 시장에서 발생한 추출의 대가가 시민의 권리 장부로 귀속되는 구조" 가 된다.

- 정책 목표는 '차단'이 아니라 '준수 유인'이다

- 분담금은 제재의 목적이 아니라, 비준수자의 무임승차를 비용화해 준수로 유도하는 목적을 가진다.

- 결국 최종 균형은 "분담금을 내며 버틴다"가 아니라 "준수해서 클럽 내부 혜택(공공 레일 접근, 신뢰 레이블, 상호인정)을 얻는다"로 이동 해야 한다.

3) 결론: DCA는 '국내 규제'가 아니라 '국제 협력 균형'으로 설계돼야 한다

정리하면, 한 국가만 DCA를 시행할 때 생기는 취약점은 "이상적이어

  공주민제(DCA)노동 이후 사회의 '권리-자본-거버넌스' 재설계

서"가 아니라 "무임승차가 이익인 게임"이기 때문에 생긴다. 그래서 해법도 철학이 아니라 설계다.

- 호혜국 협약은 준수자에게 더 넓은 시장과 상호인정이라는 '클럽 이익'을 제공해 협력 균형을 만든다.
- 추출 분담금은 비준수자가 국내 시장에서 수익을 가져갈 때 그 추출에 가격을 매겨 무임승차를 불리하게 만든다.
- 두 장치가 결합될 때, "한 국가만 하면 역차별"이라는 비판은 약해진다. DCA는 고립된 실험이 아니라, 국내 상업화 규칙을 국제 호혜 규칙으로 확장하는 프로토콜이 되고, 국내 기업은 규제의 희생자가 아니라 새 룰의 선도 준수자 프리미엄을 확보하는 위치로 이동한다.

7.5. 계정의 '성과'는 수익률이 아니라 권리의 확장으로 보고해야 한다

전통적 자산운용 보고는 수익률과 벤치마크를 중심으로 돌아간다. 그러나 국민사회지분계정이 지향하는 것은 투자 상품의 성과가 아니라 시민 권리의 성과다. 그래서 정부와 운용체계의 KPI도 GDP 성장률이나 단일 수익률이 아니라, 시민 계정에 축적된 **자본 권리의 확장**으로 번역되어야 한다. 1인당 환류액, 계층별·지역별 체감, '자본 접근권 0' 감소가 핵심 지표가 된다.

이 지표 전환은 단지 홍보 전략이 아니다. "사회화가 복지로 오해되는 문제"를 구조적으로 차단한다. 수익률 중심의 보고는 계정을 금융상품으로 보이게 만들고, 정치권은 단기 성과를 위해 계정을 흔들 유인을 가진다. 반면 권리 확장 중심의 보고는 계정의 존재 이유를 "소유·의결 주체로서의 시민"에 고정한다.

7.6. "분산 소유"가 "분산 지배"로 전환되지 않는 문제: 계정 단계에서부터 포획을 차단한다

분산 소유가 곧바로 분산 지배가 되지 않는 문제, 즉 포획 문제는 3층 거버넌스에서 본격적으로 다룬다. 그러나 계정 단계에서도 최소한의 원칙은 확정해야 한다. 계정이 단지 '지분 적립 통장'으로 설계되면, 의결권은 신탁/대리인으로 쏠리고, 포획은 계정 바깥에서 발생한다.

따라서 국민사회지분계정의 설계 원칙은 다음과 같이 못 박혀야 한다.

- **의결권 상한(Voting Cap)**: 특정 개인이나 기관이 전체 의결권의 일정 비율 이상을 행사하지 못하도록 제한한다.
- **위임 상한(Liquid Proxy Cap)**: 인기 대리인에게 위임표가 몰려 '디지털 독재'가 발생하는 것을 막기 위해, 한 대리인이 받을 수 있는 위임표 총량에 상한을 둔다.
- **의사결정 로그(Decision Log)**: 모든 투표와 자금 흐름은 지울 수 없는 형태로 기록되어 상시 공개된다.
- **시간지연 및 이중승인**: 중대한 자산 매각이나 정책 변경은 즉시 실행되지 않고 유예기간을 가지며, 별도 시민 거버넌스 승인 절차를 요구한다.

공주민제(DCA)노동 이후 사회의 '권리-자본-거버넌스' 재설계

　이 네 가지는 '거버넌스의 장식'이 아니라 계정의 권리성을 지키기 위한 필수 조건이다. 국민사회지분계정은 주권의 장부다. 주권은 단지 소득이 아니라 결정권과 책임의 구조다. 그래서 계정은 포획 방지 규칙과 분리될 수 없다.

제8장

민간지분 권리 레이어(시민주주권 직접민주 인프라)

8.1. 민간 레일의 구체 설계(내부 규칙)

공주민제는 기존 제도를 부정하거나 대체하는 방식으로 출발하지 않는다. 오히려 "이미 존재하는 분산 보유"를 인정하고, 그 분산 보유가 실제 통제력과 책임으로 연결되도록 권리 레이어(전자투표·전자위임·유동적 대리 등)를 표준화하는 쪽을 우선한다. 민간 영역에서 핵심 문제는 "지분이 없어서"가 아니라, 지분이 흩어져 있어도 권리(주주권)가 결집·숙의·행사되지 못하고 대리인(운용사·중개자·소수 활동가)에게 흡수된다는 데 있다.

1) 권리 레이어 접속을 전제로 한 디지털 기본값

상장사 전자투표·전자위임을 기본값으로 만들고, 증권사 MTS/HTS에서 "주총 알림→안건 요약→투표/위임"이 원클릭으로 이어지게 한다. 의

안 데이터는 표준 포맷으로 제공돼 모든 플랫폼이 동일 데이터로 작동해야 한다.

2) 유동적 대리(프록시)를 허용하되 '집중 불가능' 구조로 규율

위임·대리의 장점은 살리되, 집중·포획을 구조적으로 어렵게 만드는 규칙을 내장한다. 핵심은 상한(cap)·만료·감사다.

상한은 '소유권'이 아니라 '대표권 경로'에 걸린다.

여기서 말하는 상한(cap)은 개인·기관의 직접 소유 자체를 제한하는 규제가 아니다. 개인이 자기 명의로 보유한 주식의 고유 의결권은 상법·정관이 정한 절차에 따라 그대로 행사된다. 상한이 걸리는 지점은 "타인의 권리를 위임받아 행사하는 대리권(프록시)"과 "플랫폼/운용자에게 집중되는 대표권 경로"다. 다시 말해, 공주민제가 겨냥하는 것은 '대주주가 많다/적다'가 아니라, 분산된 시민의 의결권이 대리인에게 흡수되어 보이지 않는 통제력으로 환산되는 경로다. 이 경로에만 상한-만료-감사 로그가 적용된다.

- 대리권 상한: 한 대리인이 받을 수 있는 위임의결권에 종목별·전체별 상한을 둔다.
- 위임 만료: 3~6개월 단기 만료 후 자동 소멸, 갱신은 재확인한다.
- 안건별 위임 기본값: '전체 위임'이 아니라 안건별 위임을 기본으로 두어 무분별한 위임을 줄인다.
- 이해상충 공시 및 제재: 이해상충을 공개하고 위반 시 위임 무효 및 제재가 가능해야 한다.

상한(cap)은 위임표를 소거(무효)하거나 플랫폼이 임의로 재배치하는 방식으로 설계하지 않는다. 상한으로 인해 특정 대리인이 받을 수 있는 위임표가 한도를 초과하는 경우, 그 초과분은 ① 원주주에게 자동 환원되어 직접투표로 회귀하거나, ② 원주주가 사전에 지정한 차순위 대리인(복수 대표단)으로 자동 분산되거나, ③ 안건별 지시형(구속) 위임으로만 집행되는 방식 중 하나로 처리한다. 핵심은 "표의 총량을 줄이는 것"이 아니라 "대표 1인의 재량(통제력)이 무제한으로 커지는 것"을 끊는 데 있다.

(재량 위임/지시형 위임) 대표가 안건별로 재량 판단을 하는 '재량 위임'에는 상한·만료·이해상충 공시·감사 로그를 강하게 결합한다. 반대로 원주주가 안건별 찬반/조건을 지정하고 대표는 집행만 수행하는 '지시형(구속) 위임'은 대표 개인의 독재가 아니라 원주주들의 집합적 의사 집행이므로, 상한은 원칙적으로 재량 위임에 우선 적용하고 지시형 위임에는 완화 또는 예외 설계를 둔다.

(연대와 포획의 구분) 소액주주 연대는 최대주주·경영진 포획에 대항하기 위한 대항력(countervailing power) 형성이다. 공주민제의 상한은 이 결집 자체를 꺾기 위한 규제가 아니라, 연대가 커지더라도 대표권이 한 개인·한 협소 집단의 사적 권력으로 고착되는 것을 막는 헌정 브레이크다.

3) 고위험 안건은 '쿨링오프(숙려기간) + 재의결'

포획은 '순간적 동원'에서 발생한다. 그래서 대규모 매각, 합병, 정관 변경, 수탁자 교체, 운용원칙 변경 등은 1차 투표 후 숙려기간을 두고 2차 확정 투표로 가는 구조가 기본값이 돼야 한다.

 공주민제(DCA)노동 이후 사회의 '권리-자본-거버넌스' 재설계

4) 투명성·감사 로그의 표준화(권리로서의 투명성)

개인식별 수준의 위임 공개는 위험할 수 있으므로, 분포·집중도·참여율·이해상충·비용·제재 등 "구조 데이터"를 공개하고, 의사결정 로그와 상시 감사 체계를 표준화해야 한다. 상한 집행을 위해서는 룩스루(look-through) 합산이 필요할 수 있다(특수관계인·계열·우호지분·재위임 구조 등). 다만 원칙은 "집행은 식별 기반으로, 공개는 비식별·집계로"다. 개인 단위 위임 내역을 외부에 노출하지 않고도, 규제된 시스템 내부에서 합산·감사(검증 가능한 로그)를 수행하고 대외에는 분포·집중도·참여율·이해상충·비용·제재 같은 구조 데이터만 공개하면 된다. 또한 상한은 '대리인 1명'이 아니라 실질적으로 같은 이해관계·지휘·자금으로 움직이는 동일 통제단위(공동행동 클러스터)에 합산 적용한다. 대리인을 쪼개는 방식의 우회는 "캡 회피"가 아니라 "캡 위반 은폐"로 취급되며, 적발 시 위임 무효·의결 무효·자격 박탈 등 제재 사슬로 연결된다.

5) 성과지표(KPI)로 '권리 레이어가 살아있는지'를 측정

민간 레일의 성공은 수익률이 아니라 참여와 집중 억제에서 확인된다. 전자투표 참여, 전자위임 참여, 대리 집중도(상위 대리 집중률·위임 지니계수), ETF/펀드 투표정책 선택권 채택률 등이 지속적으로 측정돼야 하고, 그 결과에 따라 규칙이 개선돼야 한다.

8.2. C-COT(Citizen Capital Ownership Trust)

공주민제의 제도 설계는 두 레일을 분명하게 분리하는 데서 출발한다.

공적 레일은 국민사회지분계정(N-DSA)이라는 "주권의 장부" 위에서 자동 귀속·자동 환류로 작동하고, 민간 레일은 이미 사회에 분산된 지분을 "권리로서" 결집·행사하게 만드는 직접민주 인프라로 작동한다. 이 두 레일은 운영도, 자산도, 환류도 서로 섞지 않는다. 회로가 섞이는 순간, 권리 기반 환류는 다시 예산화·정치화되고, 민간의 결사는 다시 포획의 표적이 된다.

이 구조에서 C-COT는 민간 레일 내부에 배치되는 **옵션 도구**다. 즉, 민간 레일의 기본 해법(개인 단위 분산지분 권리 레이어)이 작동하되, 어떤 조건에서는 "신탁이라는 형식"이 특정 문제를 더 잘 푸는 경우가 있다. 그때에만 제한적으로 사용한다.

C-COT가 옵션으로 필요한 경우는 대체로 세 가지로 정리된다.

첫째, 초기 자본이 부족한 계층의 '초기 지분 형성' 문제다. 민간 레일의 기본값은 개인 단위 직접 보유·직접 권리 행사지만, 저축 여력이 거의 없는 계층에게 "장기적 지분 축적"은 출발선 자체가 다르다. 이때 C-COT는 켈소식 레버리지(신용 기반 선취득, 이후 배당으로 상환)를 적용해 초기 지분을 앞당기는 장치가 될 수 있다(Kelso & Adler, 1958; Kelso & Kelso, 1986).

둘째, 공익 목적의 장기 풀링이다. 특정 산업의 구조전환, 지역 재생, 특정 공공재(예: 공공 데이터 인프라) 같은 사안은 개인의 분산된 행동만으로는 자본의 크기와 시간축을 맞추기 어렵다. 이때 C-COT는 참여자가

 공주민제(DCA)노동 이후 사회의 '권리-자본-거버넌스' 재설계

합의한 목적 범위 안에서 자금을 장기 운용하는 장치가 될 수 있다.

셋째, '권리 행사'의 협동 비용을 낮추는 집단적 스튜어드십이다. 주주권 직접민주는 개인이 "직접 투표"만 하는 체제가 아니다. 정보 생산·분석·후보 검증·정책 비교가 필요하고, 그 비용을 누가 부담할지의 문제가 생긴다. C-COT는 이 비용을 집단적으로 부담하면서도, 특정 대리인에게 권력이 고정되지 않게 만드는 설계(상한·만료·감사·제재)를 결합할 수 있다.

그러나 바로 그 이유 때문에, C-COT는 기본값이 될 수 없다. 신탁은 규모가 커질수록 "대표권"이 발생하고, 대표권은 곧 포획의 표적이 된다. 그래서 공주민제는 **민간 레일의 기본값을 '권리 레이어'로 고정**하고, C-COT는 "문제 해결형 옵션"으로만 둔다. 이때 국가의 역할은 운용자가 아니라 **경계조건 설계자**다. 국가가 해야 할 일은 단 하나다. C-COT가 생길 수 있는 법적 공간을 열되, 포획·사익추출·이해상충을 봉쇄하는 **법·감사·공시·제재 규칙**을 강제하는 것이다. 운용과 환류는 C-COT 내부에서 시작해 C-COT 내부에서 종결한다.

제4부

거버넌스:
분산 의결과 포획 방지

제9장

DDP의 위치:
N-DSA와 민간 레일에 공통 적용되는 '헌정 규칙'

9.0. 이 장의 테제: "기술"이 아니라 "헌정"이 본체다

분산의결 프로토콜(DDP, Distributed Decision Protocol)은 블록체인 같은 특정 기술 스택을 뜻하지 않는다. DDP는 공주민제 전체에서 권력이 생기는 자리마다 작동하는 '헌정적 브레이크(constitutional brakes)'다.

공주민제는 공적 레일(N-DSA: 국민사회지분계정)과 민간 레일(분산지분 권리 레이어, 필요시 C-COT 같은 옵션 도구)을 자산·운영·환류 회로에서 완전 분리한다. 하지만 분리만으로는 부족하다. 분리된 두 레일 모두에서 규모 있는 자산 + 의결이 발생하는 순간, 포획(capture)의 유인은 동일하게 작동한다.

따라서 DDP는 "두 레일을 연결하는 통합 프로토콜"이 아니라, 두 레일에 공통 적용되는 '상한(cap)·만료(expiry)·지연(cooling-off)·다중승인(dual/multi approval)·감사로그(decision log)·제재(sanctions)·복구

(recovery)'의 규칙 묶음이다.

핵심 문장은 하나로 정리된다.

"많이 가질 수는 있어도, 혼자 결정할 수는 없다."

이 문장을 실제로 집행하는 장치가 DDP다.

9.1. 포획은 '도덕 문제'가 아니라 '경로 문제'다

포획은 누군가가 나쁘기 때문에 생긴다기보다, 대표권·정보·집행권·수수료가 한곳으로 모이면 자동으로 발생한다. 그래서 DDP는 "선량한 관리자"를 상정하지 않고, 다음 네 가지 경로를 기본 위험으로 둔다.

- 대표권 경로: 위임이 한 대리인에게 몰려 "보이지 않는 권력"이 된다.
- 정보 경로: 의안 정보가 비대칭이면, 표는 형식이고 결정은 정보가 만든다. [3]
- 집행 경로: 승인과 집행이 단일 문(단일 책임자)을 통과하면, 포획은 시간문제다.

---

[3] 정보 경로의 기본 안전장치(DDP):
① 의안 데이터룸 의무화: 의안의 원문(계약서/산식/가정/리스크/대안 비교표/이해충돌 공시)을 표준 포맷으로 공개한다. "요약만 제공"은 금지한다.
② 요약본-원문 동시 공개 + 요약 책임추적: 1페이지 요약을 허용하되, 요약은 원문 링크와 함께 공개하고 작성자·근거 문단을 메타데이터로 남긴다(감사 로그).
③ 반대의견 동등 게재: 찬성 측 자료와 동일한 지면/노출로 반대 메모(리스크·대안·반증)를 의무 게재한다. 반대 메모가 없으면 '검토 미완'으로 자동 분류한다.
④ 쿨링오프(지연) + 질의응답 로그: 고영향 의안은 최소 지연 기간을 두고, 질의응답을 공개 로그로 남긴다. 핵심 질문이 미답이면 표결이 자동 연기된다.
⑤ 무효 규칙: 필수 공시(원문, 산식, 이해충돌, 대안 비교, 반대 메모) 중 하나라도 누락되면 그 표결은 "유효한 동의"로 간주하지 않고 자동 무효 처리한다.

- 추출 경로: 수수료·특수거래·성과보수·자문계약이 통제력과 결합하면, '합법적 빨대'가 된다.

DDP는 이 네 경로를 각각 끊는 규칙을 "세트"로 내장한다. 하나만 있으면 다른 구멍으로 빠져나간다.

9.2. "상한(cap)"의 재정의: 부를 제한하는 게 아니라 통제력을 제한한다

공주민제에서 상한은 "부자가 되지 말라"가 아니다. 결정권(의결권/위임표)과 이익추출권(보상·수수료·특수거래)의 최대치를 제한하는 헌정적 캡이다.

상한은 소유를 금지하지 않아도 된다. 보유는 허용하되, 보유가 통제력으로 환산되는 경로에 천장을 씌운다. 또한 포획은 개인 1인이 아니라 특수관계인·계열·우호지분 묶음으로 발생하므로, 상한은 반드시 룩스루(look-through) 합산을 전제로 해야 한다.

상한이 '규제'로만 읽히지 않으려면, 제도는 상한을 벌칙이 아니라 교환 조건으로 설계해야 한다. 즉 "추출 상한을 수용하고 DDP 준수(로그·감사·제재·복구)를 내장하는 기업은, 공공이 가진 고부가가치 인프라에 더 싸고 더 빠르게 접근한다"는 문장을 제도에 박아 넣어야 한다. 이를 여기서는 데이터·인프라 프리패스(Data & Infrastructure Free-Pass)라 부른다.

     공주민제(DCA)노동 이후 사회의 '권리-자본-거버넌스' 재설계

데이터·인프라 프리패스의 핵심은 한 가지다. 공주민제가 말하는 '완전 분리'(공적 레일과 민간 레일의 회로 분리)를 훼손하지 않으면서도, 기업에게는 "DCA 안에 머무르는 편이 더 유리하다"는 실질적 이익을 준다. 프리패스는 예산 보조금이 아니라, 공공이 소유·관리하는 자산(데이터/컴퓨팅/조달/표준)에 대한 목적 제한 사용권이며, 그 사용조건이 곧 "추출 상한 + 분산 책임"이다.

구성요소는 다음처럼 표준화한다.

1) 공공 데이터·결합 데이터 접근권(목적 제한 라이선스)

공공 데이터 신탁(또는 국가가 지정한 공공 데이터 관리체계)이 보유한 행정·교통·환경·산업 데이터, 그리고 시민이 목적별로 옵트인한 데이터는 "원본 판매"가 아니라 목적·기간·범위가 제한된 사용권으로만 개방한다. 프리패스 기업은 이 사용권을 합법적으로 확보해 모델 학습·검증·안전성 평가·품질 개선을 수행할 수 있다. 대신 개인정보·민감정보는 비식별/집계 원칙, 목적 외 사용 금지, 국경 간 이전 제한 등 '정책-규칙(Policy Envelope)'을 강제하고, 위반 시 즉시 차단·환수·자격박탈이 자동 트리거되게 한다.

2) 국가급 컴퓨팅·시험 인프라 우선 접근(쿼터+요율)

AI/고성능 연산 인프라는 전형적인 희소 인프라다. 프리패스는 이 희소 인프라에 대해 우선 배정·저요율·테스트베드 접근을 제공한다(무제한 특혜가 아니라 쿼터와 비용기반 요율을 둔다). 기업은 연구개발·검증·배포 속도를 올릴 수 있고, 국가는 공공 인프라가 포획되지 않는 최소 조건(상한·로그·감사·제재)을 확보한다.

3) 공공조달·공공기관 연동 '패스트트랙'

기술기업에게 가장 큰 장벽은 종종 규제가 아니라, '검증된 도입 실적 (레퍼런스)'의 부재다. 프리패스 기업은 공공조달, 공공기관 도입, 공공 API 연동, 규제 샌드박스형 실증에서 절차를 단축받는다. 이것은 특정 기업을 찍어 주는 특혜가 아니라, "공공 자산을 쓰려면 공공의 헌정 규칙을 받아들인다"는 사용조건의 결과로 정의한다.

4) '국내 유통·상업화 준수(licensed-to-operate)'와의 결합

프리패스는 국내 기업만을 위한 장치가 아니다. 국내에서 모델/API/서비스로 수익을 얻는 사업자라면 국적과 무관하게 동일 조건을 적용한다. 즉, "추출 상한 + 분산 책임 + 감사 가능한 로그"를 수용하면 프리패스를 얻고, 수용하지 않으면 공공 데이터·공공 컴퓨팅·공공조달 접근에서 불리해진다. 시장 접근의 실익이 곧 준수 유인이 된다.

정리하면, 추출 상한은 "보상을 깎는 규제"가 아니라 공공 인프라 개방을 가능하게 하는 신뢰의 가격이다. 기업은 더 빠르게 연구하고 더 싸게 검증하며 더 쉽게 시장을 연다. 국가는 공공 자산이 사유화되는 경로를 차단한다. 시민은 데이터·인프라에서 발생한 가치가 규칙에 따라 자동 정산·귀속되는 기반을 얻는다. 상한은 처벌이 아니라, 성장 연료를 배분하는 교환 메커니즘이다.

   공주민제(DCA)노동 이후 사회의 '권리-자본-거버넌스' 재설계

9.3. '중견 기업의 성장 사다리' 보호(Scale-up Trap): 성장단계·투자회수율 연동 '가변적 추출 상한'

상한이 "통제력과 이익추출권의 헌정적 캡"이라면 다음 반론이 제기될 수 있다. "초유지분층(플랫폼·빅테크) 억제에는 유효하지만, 성장 초기의 스타트업·중견기업이 '추출 상한'에 너무 빨리 걸리면 글로벌 유니콘으로 커질 동력이 꺾이는 것 아닌가?" 즉 Scale-up Trap(성장 사다리가 중간에서 꺾이는 함정) 문제다.

이 반론을 피하려고 상한을 완화하거나 예외를 남발하면, 추출 경로(수수료·특수거래·성과보수·자문계약)가 통제력과 결합해 "합법적 빨대"가 되는 포획 위험이 다시 열린다. 그래서 해법은 "상한을 없애는 것"이 아니라, 상한을 '성장 단계에 맞게 작동하도록' 규칙화하는 것이다. 핵심은 두 가지다.

1) 통제력 캡(의결권/위임표)은 초기부터 일관되게 유지한다

성장기 기업일수록 의사결정이 빠르게 돌아야 하므로 "경영에 개입"이 아니라 "결정권 독점 방지"라는 헌정 조건을 유지하는 것이 더 중요하다.

2) 반면 추출 캡(보상·수수료·특수거래 등)은 '가변적'이어야 한다

성장 초기에는 기업이 자본을 "뽑아내는(extract)" 단계가 아니라 "투입하고 축적하는(accumulate)" 단계인 경우가 많다. 이 구간에서 추출 캡이 실질적으로 작동해 버리면, 혁신 리스크를 감수한 자본이 회수 경로를 잃었다고 판단하고 시장이 얼어붙을 수 있다.

따라서 공주민제는 '가변적 추출 상한제(Growth-Linked Extraction Cap)'를 기본값으로 둔다. 구조는 단순하다.

(1) '추출'의 정의를 먼저 분리한다: 성장 재투자 vs 내부자 인출

추출 상한이 겨냥하는 것은 "이익의 존재"가 아니라 통제력과 결합된 '내부자 인출 경로'다. 그러므로 회계·규칙에서 다음을 명확히 분리한다.

- **비(非)추출(성장 재투자)**: R&D, 설비·클라우드·연산비, 인재 확보, 보안/준법, 장기 프로젝트 투자, (휴만 전환을 위한) 교육·전환훈련 등 기업의 생산능력 확장을 위한 지출
- **추출(내부자 인출)**: 배당·자사주 매입(주주 환원), 특수관계인 거래를 통한 이익 이전, 과도한 성과보수·자문료, 내부자 현금화(세컨더리)[4], 플랫폼 지대형 수수료(과도한 테이크레이트)[5] 등

이 분리를 해두면, "성장을 위해 쓰는 돈"을 상한으로 누르는 우를 피하면서도, "빨대"를 막는 목적은 그대로 유지된다.

(2) 상한을 '성장 단계' 또는 '누적 투자 회수율(ROI)'에 연동한다

가변 상한의 트리거는 둘 중 하나(또는 조합)로 둔다.

---

[4] secondary sale / secondary transaction(기존 주식을 제3자에게 매각하는 거래)을 의미한다.

[5] 플랫폼이 중개·접근의 관문(gate)을 쥐고 있다는 이유로 거래·노출·결제·배차·검색 같은 필수 경로에 "통행세"를 붙여 지대(rent)를 뽑아내는 수수료를 뜻한다. 여기서 테이크레이트(take rate)는 플랫폼이 거래금액에서 가져가는 수수료율(플랫폼 몫 비율)이고, "과도하다"는 건 그 비율이 플랫폼이 제공하는 실질 비용·가치(결제, 사기 방지, 물류, 검색 인프라 등)를 넘어 이용자·공급자가 대체 경로로 이동하기 어려운 구조(네트워크 효과·잠금효과·규칙 지배력) 때문에 수수료를 올려도 거래가 유지되는 범위까지 인상된 상태를 뜻한다.

 공주민제(DCA)노동 이후 사회의 '권리-자본-거버넌스' 재설계

- **(A) 성장 단계 트리거**: 매출·영업현금흐름·사용자 규모·시장점유율·네트워크 효과 지표 등 "시장 지배력의 형성"을 나타내는 객관 지표가 일정 기준을 넘으면, 추출 캡이 자동으로 강화된다.
- **(B) 누적 회수율 트리거(ROI/회수배수)**: 누적 투자원금(리스크 자본 투입) 대비 누적 추출(내부자 인출)이 일정 배수에 도달하면, 그 시점부터 캡이 단계적으로 낮아진다.

여기서 중요한 설계 원칙은 "절벽(클리프)이 아니라 경사(감쇠)"다. 상한은 숫자 자체보다 초과분 처리 로직이 신뢰를 좌우하고, 지나치게 낮은 하드 캡은 마비를 만들 수 있으므로 "하드 캡 + 감쇠 + 초과분 자동분산" 조합이 안정적이라는 원칙을 그대로 가져간다. 즉, 성장기에는 캡이 넓고(완만), 성숙기에 들어갈수록 캡이 좁아지되(강화), 초과분은 금지·처벌이 아니라 자동 정산·귀속으로 처리한다.

(3) 초과분 처리: "규제"가 아니라 "교환"으로 닫는다

앞서 정리했듯 추출 상한은 공공 인프라 개방을 가능하게 하는 신뢰의 가격이고, 그 교환 메커니즘의 핵심은 다음처럼 닫히는 것이 안전하다.

- **성장기(초기·스케일업)**: 캡을 넓게 두되, 대규모 내부자 현금화(세컨더리)·과도한 성과보수·특수거래가 발생하면 초과분이 자동으로 (가) 비의결 수익권(환류권) 형태로 전환되어 목적 한정의 공익 환류 계정(공공 인프라 사용료 정산 계정)에 귀속되거나, (나) 공공 데이터/컴퓨팅/조달 프리패스 조건의 축소로 연결되게 한다.
- **성숙기(캐시카우·플랫폼)**: 캡을 낮추고, 초과분은 원칙적으로 자동

정산된다(공공 인프라 사용료 정산 풀, 또는 시민권리 계정으로의 환류). "더 뽑아 가고 싶으면 더 내는" 구조로 만들되, 그것을 세금 언어가 아니라 '시장 접근의 규칙 비용(licensed-to-operate)' 언어로 고정한다(이 프레임은 국내외 사업자에게 동일 적용될 수 있고, '준수 유인'으로 작동한다는 논리도 이미 제시돼 있다).

(4) 악용(회피) 방지: 룩스루 합산 + 감사 로그로 고정

가변 상한은 "예외 조항"으로 만들면 곧바로 회피 산업이 생긴다. 그래서 다음을 규칙으로 못 박는다.

- **룩스루(look-through) 합산**: 개인 1인이 아니라 특수관계인·계열·우호지분 묶음으로 포획이 발생하므로, 추출도 반드시 연결 주체 합산을 전제로 한다.
- **추출 정의의 표준화 + 상시감사 로그**: 무엇이 추출인지(보상·수수료·특수거래·자문계약 등) 경계가 흐려지는 순간, 추출 경로는 다시 "합법적 빨대"가 된다. 따라서 추출 항목은 표준 데이터 구조로 기록·공개되고, DDP의 로그·감사 규칙 아래에서 자동 점검되도록 설계한다.
- **재분할·외주화 방지**: 그룹 내 거래를 통한 이익 이전(수수료 회사, IP 보유회사, 자문법인 등)을 룩스루로 묶어 '실질 추출'로 분류한다. 적발 시에는 초과분의 추가 귀속(페널티 귀속)과 프리패스 제한이 자동으로 결합된다.

   공주민제(DCA)노동 이후 사회의 '권리-자본-거버넌스' 재설계

(5) 결론: 성장 사다리를 꺾지 않으면서, "빨대"는 끝까지 막는다

이 가변적 추출 상한제의 요지는 한 문장으로 정리된다. 성장기에는 '투입-축적'이 우선이므로 추출 캡은 느슨하게(감쇠 중심), 성숙기에는 '지대-독점'이 우선이므로 추출 캡은 강하게(하드 캡 중심) 작동한다. 이렇게 하면 상한은 여전히 "부를 제한"하지 않고 "통제력과 추출 경로를 제한"하는 헌정 규칙으로 남는다. 동시에 기업 입장에서도 상한은 규제가 아니라, 공공 데이터·공공 컴퓨팅·공공 조달·국내 상업화 접근을 더 빠르고 싸게 여는 신뢰의 가격으로 이해될 수 있다. 결과적으로 Scale-up Trap을 피하면서도, 추출 경로가 다시 포획의 통로로 변질되는 위험은 닫힌다.

9.4. DDP의 최소 구성요소 7종: "상한-만료-지연-다중승인-로그-제재-복구"

DDP는 다음 7가지가 동시에 있어야 작동한다.

1) 의결권 상한(Voting Cap): "주식이 아니라 통제력에 상한"

Voting Cap(대표권/통제력 상한)은 "부자/대주주를 처벌하기 위한 소유권 제한"이 아니다. 1차 적용 대상은 공적 레일에서 국민자산을 대표해 의결하는 운용·수탁 주체, 그리고 민간 레일에서 다수 시민의 표를 위임받아 행사하는 대리인·플랫폼·운용자처럼 대표권이 통제력으로 전환되는 경로다. 시장의 직접 소유 영역(일반 주주가 자기 명의로 의결권을 직접 행사하는 영역)까지 동일 규칙을 즉시 강제하면 '몰수 공포'와 법·시장 저항이 커지므로, 그 경우는 정관 채택(옵트인)·인센티브·단계적 적용

등 별도 이행 경로로 분리해 다룬다.

"대리인 1인당 상한"만으로는 우회가 가능하므로, 공주민제의 상한은 개인 ID가 아니라 동일 통제단위(공동행동 클러스터)에 합산 적용된다. 최대주주가 우호지분을 복수 친위 대리인에게 분산하더라도 자금·계약·지휘·반복적 동조 투표 등 실질 공조가 확인되면 합산하여 상한을 적용하고 초과분은 무효화한다. 상한은 단독 장치가 아니라 만료(재확인), 감사로그(상시감사), 이해상충 공시, 고위험 안건의 쿨링오프+재의결/이중승인과 결합될 때 '지속 가능한 포획'을 불가능하게 만드는 헌정 브레이크가 된다.

상한은 원주주의 표를 소거하지 않는다. 상한으로 인해 특정 경로(특정 대리인)가 받을 수 있는 위임표가 한도를 초과하는 경우, 그 초과분은 원주주에게 자동 환원되어 직접투표로 회귀하거나, 원주주가 사전에 지정한 차순위 대리인(복수 대표단)으로 자동 분산되거나, 안건별 지시형(구속) 위임으로만 집행된다. 이 설계에서 제한받는 것은 주주의 의사가 아니라 대표권의 독점이다.

2) 위임 상한(Delegation Cap): 리퀴드 프록시의 '병목'을 없앤다

- 유동적 대리(리퀴드 프록시)는 참여 비용을 낮추는 장점이 있지만(Ford, 2002), 위임이 특정 대리자에게 집중되면 '슈퍼 대리자/슈퍼 유권자'가 형성되어 사실상의 권력 집중이 발생할 수 있다(Kling et al., 2015; Blum & Zuber, 2016).

 공주민제(DCA)노동 이후 사회의 '권리-자본-거버넌스' 재설계

- 그래서 대리인이 받을 수 있는 위임표 총량을 상한으로 제한한다.
- 초과분은 자동 분산 로직으로 처리한다. "인기 대리인 1명"이 아니라 "분산된 다수 대리인"이 기본이 되도록 만든다.

3) 만료(Expiry): "영구 대리"를 제도적으로 금지한다

- 위임은 단기 만료 후 자동 소멸한다(예: 3~6개월).
- 갱신은 재확인(opt-in)이어야 하고, 무응답 자동갱신은 금지하는 편이 안전하다.
- 만료는 단지 절차가 아니라 권력의 고착을 막는 핵심 장치다. 권력은 비중만큼 시간으로 굳어진다.

4) 시간지연(쿨링오프) + 재의결(2차 확정): "순간적 동원"을 막는다

- 합병, 대규모 매각, 정관 변경, 운용원칙 변경, 수탁자 교체 등은 1차 투표 → 숙려기간(예: 14~30일) → 2차 확정 투표로 간다.
- 포획은 대개 "짧은 기간의 동원 + 낮은 참여율"에서 발생한다. 시간지연은 '정치적 멋'이 아니라 방어공학이다.

5) 이중승인(Dual Approval)과 다중집행(Multi-execution): 단일 문을 없앤다

- 중요한 집행은 단일 책임자가 실행할 수 없게 한다.
- 승인 주체는 서로 다른 경로로 구성돼야 한다(예: 선출 기반 + 추첨 기반, 전문가 위원회 + 시민 감시기구).
- "누가 대표냐"보다 중요한 건 "대표가 단독으로 집행할 수 있느냐"다.

DDP는 후자를 차단한다.

6) 의사결정 로그(Decision Log)와 상시감사(Continuous Audit): 투명성은 권리다

- 사후 보고서가 아니라 집행과 동시에 기록되는 로그가 있어야 한다.
- 개인식별 공개는 위험하므로, 최소한 다음 구조 데이터는 표준화해 공개한다.
- 위임 분포, 집중도 지표, 참여율
- 이해상충 공시(계약·보수·관계)
- 의결 결과와 집행 내역
- 비용(수수료·자문료·운용보수)
- 제재 이력과 복구 이력
- 로그는 단순 기록이 아니라, 감사·제재·복구를 자동 트리거할 수 있어야 한다.

7) 제재(Sanctions)와 복구(Recovery): "무효-환수-자격박탈-재투표"의 사슬

위반이 적발되면

- 위임 무효 / 의결 무효
- 성과보수 환수(clawback)
- 수탁자·운용자 자격 박탈
- 손해배상 및 형사 책임(필요시)으로 이어지는 제재 사슬이 있어야 한다.

동시에 복구는 "사과"가 아니라 절차다.

- 긴급 중지(스톱)
- 임시 관리자(대체 실행자)
- 재투표(정상 절차로 재결정)로 복구가 자동화돼야 한다.

9.5. DDP의 속도 문제와 '알고리즘 거버넌스': 하이브리드 의결 구조

DDP(분산의결 프로토콜)에 대해 가장 흔한 우려는 "다중 승인"과 "지연(쿨링오프)"이 누적되면, 기술 시장처럼 변화가 빠른 환경에서 의사결정 속도가 치명적으로 느려질 수 있다는 점이다. 이 비판은 타당한 부분이 있다. 다만 여기서 중요한 구분이 하나 있다. 모든 결정을 '동일한 수준의 민주적 숙의'로 처리하려고 할 때 속도 문제가 폭발한다. 반대로, 결정의 종류를 분해하고, 각 종류에 맞는 처리 레인을 분리하면 "포획 방지"와 "속도"를 동시에 달성할 수 있다.

여기서 '레인 분리'는 선언이 아니라, 제도적으로 자동 작동해야 한다. 그래서 모든 안건은 상정 순간 '결정의 가중치(Decision Weight)'를 자동 산정하고, 그 등급에 따라 빠른 레인/느린 레인으로 자동 분기되도록 못 박는다. 비가역성(되돌리기 어려움), 권리·윤리·안전 영향, 대외 파급(국경·시장질서·안보), 포획 유인(이해상충·특수관계), 규모·범위(금액·민감데이터 등) 중 하나라도 걸리면 즉시 고위험 등급으로 상향되고 숙의 레인으로 올라간다. 등급 산정 자체도 의사결정 로그에 남기고, 이의제기(항소)로 상향·재분류가 가능해야 한다.

공주민제가 답해야 하는 질문은 "민주적으로 할 것인가, 빠르게 할 것인가"가 아니라, "무엇을 빠르게 자동 처리해도 되는가(표준결정), 무엇은 반드시 인간-분산의결이 개입해야 하는가(고위험결정)"다. 이를 위해 DDP 위에 '알고리즘 거버넌스(Algorithmic Governance)'를 얹어, 표준결정은 AI가 즉시 처리하고, 사회적 파급이 큰 결정만 DDP의 인간-분산 의결로 올리는 '하이브리드 의결 구조'를 기본값으로 제시한다.

9.5.1. 결정의 이원화: "빠른 레인(자동)"과 "느린 레인(숙의)"

두 레인의 분기는 '결정의 가중치(Decision Weight)' 규칙에 따라 자동으로 이루어지며, 분기 결과는 로그로 남고 항소로 재분류될 수 있다.

하이브리드 구조의 핵심은 결정 레인을 두 개로 나누는 것이다.

1) 알고리즘 빠른 레인(Fast Lane)

반복적·정형적·가역적이며, 이해상충의 여지가 상대적으로 낮고, 사전 규칙으로 충분히 봉쇄 가능한 표준결정은 '스마트 컨트랙트(DCA 프로토콜)'에 의해 자동 승인·자동 집행된다. AI는 여기서 의사결정권자가 아니라, 프로토콜(정책-규칙)의 범위 안에서 규정 준수 검사·최적화 집행·이상 징후 탐지를 수행하는 집행/감사 엔진으로 위치한다. 예를 들면 다음이다.

- 사전 승인된 투자/운용 규칙 범위 내 리밸런싱, 헤지, 비용 최적화
- 예산·한도 내 반복 지출 승인(구매, 유지보수, 표준 계약 갱신)
- 규정 준수 여부의 자동 체크(공시/내부통제 룰 위반 감지 시 자동 중단)
- 정형화된 의안 처리(요건 충족 여부가 명확한 안건의 집행)

     공주민제(DCA)노동 이후 사회의 '권리-자본-거버넌스' 재설계

- 데이터/보안/접근권 요청 중 "사전 등급"이 낮은 건의 승인(목적·기간·범위가 표준 템플릿에 맞는 경우)

2) 인간-분산 숙의 레인(Deliberation Lane)

비가역적이거나, 권리·윤리·안전·대외 파급이 크거나, 포획 유인이 크거나, 손익을 넘어 사회적 정당성에 영향을 주는 결정은 쿨링오프+재의결 등 DDP 풀세트로 올린다. 예를 들면 다음이다.

- 핵심 자산의 매각·합병·분할, 지배구조 변경, 정관 변경
- 대규모 구조조정, 노동/안전/인권에 중대한 영향이 있는 정책
- 데이터 사용권/AI 활용권의 등급 상향(민감도 높은 데이터, 국경 간 이전, 목적 변경)
- 특정 이해집단에 편익이 집중될 수 있는 거래(특수관계자 거래, 수수료 구조 변경)
- '정책-규칙(Policy Envelope)' 자체의 변경(룰북 개정)

이원화의 원리는 간단하다. "속도는 운영에서, 정당성은 헌정에서 만든다."

운영은 빠르게 돌아가야 하고, 헌정(룰 변경)은 느리게 굳어야 한다.

9.5.2. '정책-규칙(Policy Envelope)': 빠르게 움직이되, 울타리 안에서만 움직인다

알고리즘 거버넌스가 "AI가 마음대로 결정한다"로 오해되면 바로 무너진다. 그래서 제도 문장으로 못 박아야 한다.

1) AI는 의사결정권자가 아니라 '집행자'다

AI는 시민·주주가 승인한 규칙을 더 빠르고 더 일관되게 집행하는 도구다. 규칙을 정하는 권한은 여전히 DDP의 인간-분산 의결에 있다.

2) '규칙의 변경'은 '집행의 속도'보다 훨씬 더 높은 문턱을 가진다

빠른 레인은 규칙을 적용하는 레인이고, 느린 레인은 규칙을 바꾸는 레인이다. 룰 변경은 반드시 쿨링오프+재의결(필요시 다중승인)로 처리해 포획을 봉쇄한다.

3) 규칙은 사람이 읽는 문장으로만 존재하면 집행에서 왜곡된다

정책-규칙은 "법/규정"과 동일하게, 기계가 해석 가능한 형태(표준 템플릿, 조건-한도-예외 규칙, 금지행위 목록)로 번역되어야 한다. 그래야 '재량의 틈'이 줄고, 자동 감사가 가능해진다. 즉 정책-규칙은 '사람이 읽는 지침'이 아니라, 스마트 컨트랙트(DCA 프로토콜)로 실행 가능한 규칙 집합으로 구현되어야 한다.

9.5.3 자동화의 안전장치: "감사 로그 + 이중 엔진 + 긴급 제동 + 항소"

속도를 얻는 대가로 포획 위험을 키우면 본말전도다. 따라서 알고리즘 거버넌스는 다음 4가지 안전장치를 기본값으로 내장한다.

1) 결정 로그(Decision Log)의 완전 자동 기록

AI가 처리한 모든 승인/거절/보류/경고는 사유·근거 규칙·사용 데이터·리스크 점수·집행 결과가 함께 로그로 남는다. 인간이 사후 보고서를 쓰는 방식이 아니라, 집행과 기록이 분리되지 않는 구조로 고정한다.

2) 이중 엔진(dual control): 실행 AI와 감사 AI를 분리한다

하나의 모델/조직이 모든 것을 독점하면 AI도 포획된다. 그래서

- 실행 엔진(결정·집행)과
- 감사 엔진(규칙 위반 탐지, 이상치 탐지, 이해상충 패턴 탐지)

을 분리하고, 서로 다른 운영 주체/서로 다른 모델로 운용한다. 감사 엔진이 경고를 올리면 자동으로 상위 레인(인간-분산 숙의)으로 에스컬레이션되도록 한다.

3) 긴급 제동(Emergency Stop)과 임시 모드

시장 급변이나 사이버 사고처럼 "지연이 곧 손실"인 상황도 있다. 이때를 위해

- 제한된 시간 동안만 작동하는 긴급 모드(예: 24~72시간),
- 긴급 모드 발동 자체에 대한 사후 재승인(자동 종료 + 재의결),
- 긴급 모드에서 가능한 행위의 화이트리스트

를 둔다. 즉, "긴급"은 재량이 아니라 규칙화된 예외다.

4) 항소·복구(appeal & recovery): 자동결정은 되돌릴 수 있어야 한다

자동결정이 잘못되었을 때 시민·주주는 항소 트리거를 통해 해당 건을 숙의 레인으로 올릴 수 있어야 한다. 또한 표준결정은 원칙적으로 가역성을 전제로 하고, 롤백이 가능한 구조(복구 규칙)를 내장해야 한다.

9.5.4. '메타 거버넌스': 알고리즘 규칙은 누가 정하는가?

알고리즘 거버넌스의 성패는 "AI가 얼마나 똑똑한가"가 아니라, AI가 따르는 '정책-규칙(Policy Envelope)'이 어떤 절차로 작성·개정·배포되는 가에 달려 있다. 빠른 레인이 정책-규칙을 집행하는 레인이라면, 정책-규 칙을 고치는 순간은 시스템의 '헌정(Constitution)'이다. 이 구간이 폐쇄되 면 "AI는 집행자"라는 문장은 무력해지고, 규칙을 코딩하는 개발자/관료 가 사실상의 입법자가 되는 '기술적 포획'이 발생한다. 따라서 공주민제는 정책-규칙의 변경 절차 자체를 별도의 '메타 거버넌스'로 헌정화해, 규칙 을 만드는 권력이 고정·은폐될 수 없게 해야 한다.

1) 시민 감사관(Citizen Auditor)의 의무화: '룰 변경'의 시민 측 방화벽

- 시민 감사관은 특정 이해집단이 아니라 무작위 추첨/순환 임기 등으 로 구성해, 운영 주체로부터 독립된 감시 권한을 가진다.

- 권한의 핵심은 "결정"이 아니라 "절차"다. 정책-규칙 변경안·배포 안·예외 승인안에 대해 (i) 자료 제출 요구, (ii) 이해상충 공시 요구, (iii) 위험 등급 상향(느린 레인 강제 상정), (iv) 쿨링오프 연장 요청을 행사할 수 있다.

- 내부고발(whistleblowing) 채널을 시민 감사관에 귀속시키고, 보복 금지와 신원 보호를 제도 문장으로 고정한다.

2) 알고리즘 레드팀(Algorithm Red Team)의 의무화: '규칙·코드'의 공 격적 검증

- 정책-규칙(룰북)과 그 구현 코드(스마트 컨트랙트/프로토콜)는 배포

　　공주민제(DCA)노동 이후 사회의 '권리-자본-거버넌스' 재설계

전 반드시 레드팀 검증을 통과해야 한다.

- 레드팀은 편향·차별, 우회 가능성(규칙 회피), 이해상충 패턴(특정 집단 유리한 예외), 보안 취약점(권한 상승·로그 변조), 경제적 공격(수수료/리베이트 구조) 시나리오를 공격자 관점에서 모의 테스트한다.
- 레드팀 리포트는 요약본을 공개하고, 치명 취약점은 수정·재검증 없이는 배포할 수 없게 '배포 게이트'로 고정한다.

3) 오픈 거버넌스 프로토콜(Open Governance Protocol): 규칙은 '공개된 코드'로 존재한다

- 정책-규칙 문서(사람이 읽는 룰)와 실행 코드(기계가 집행하는 룰)는 단일 저장소(공개 레포지토리)에서 버전 관리되며, 변경 이력(누가/언제/왜/무엇을)을 누구나 검증할 수 있어야 한다.
- 모든 변경은 제안서(Proposal)로 제출되어야 하며, 최소 요건으로 목적·영향 범위·수혜/부담의 분포 변화·예외 조항·테스트 결과·롤백(되돌리기) 계획을 포함한다.
- 배포된 정책-규칙/코드는 해시(버전 식별자)로 고정되어 의사결정 로그와 연결된다. "어떤 룰이 어떤 결정을 만들었는가"가 사후에 재현 가능해야 한다.

4) 룰 변경의 배포 안전장치: '타임락 + 다중승인 + 긴급제동'의 헌정화

- 정책-규칙의 변경은 기본적으로 느린 레인(숙의) 의제이며, 1차 의결 → 숙려 기간 → 2차 확정 의결을 거친 뒤에만 발효된다.
- 배포는 타임락(time-lock)으로 지연되며, 그 기간 동안 시민 감사

관·레드팀·상시감사 엔진이 재검증할 수 있어야 한다.

- 배포 이후에도 이상징후(편익 편중, 규칙 우회, 로그 상의 비정상 패턴)가 탐지되면 긴급 제동(Emergency Stop)으로 자동 중단되고, 정상화 절차(임시 모드 → 재심의 → 재배포/롤백)로 복구된다.

정리하면, 빠른 레인이 '속도'를 만든다면, 메타 거버넌스는 "그 속도가 복종하는 규칙이 누구의 손에 고정되지 않도록" 만드는 방어공학이다. 공주민제의 알고리즘 거버넌스는 'AI 통치'가 아니라 '공개된 규칙의 통치'로 정의돼야 한다.

9.5.5. DDP의 "지연"은 약점이 아니라, "룰 변경"에만 집중되는 강점이 된다

이 구조가 서면, "DDP 때문에 느리다"는 비판은 다음처럼 반전된다.

- 일상 운영(표준결정)은 AI가 즉시 처리하므로 속도 문제가 크게 줄어든다.
- 반대로, 지배구조·권리·윤리·대외 파급이 큰 결정은 일부러 느리게 처리한다. 이 느림은 비효율이 아니라 포획 방지 비용이다.
- 핵심은 "모든 결정을 느리게"가 아니라, "룰을 바꾸는 결정만 느리게"다.
- 그러면 사회는 빠르게 움직이면서도, 방향은 쉽게 빼앗기지 않는다.

요컨대 하이브리드 의결 구조는 DDP를 약화시키는 장치가 아니라, DDP의 강점을 정확한 표적(룰 변경·고위험결정)에 집중시켜 속도와 정

    공주민제(DCA)노동 이후 사회의 '권리-자본-거버넌스' 재설계

당성을 동시에 확보하는 최적화다. 공주민제의 언어로 바꾸면 이렇게 정리된다.

- 결정의 속도는 알고리즘이 담당한다.
- 결정의 방향과 경계는 분산된 시민이 담당한다.
- 포획을 막는 장치는 '느리게 움직이는 헌정'으로 남고, 시장 대응은 '빠르게 집행되는 운영'으로 분리된다.

이 구분이 명확해지는 순간, DDP는 "기술 시장에서 느린 직접민주"가 아니라 "빠른 자동집행 위에, 방향 결정권을 분산시키는 헌정"으로 읽히게 된다.

9.6. DDP는 '민간 레일'에서 어떻게 적용되는가: 분산지분이 '힘'이 되기 위한 규칙

민간 레일의 병목은 이미 명확하다. 소유는 분산돼 있는데, 의결은 대리인에게 흡수된다. DDP는 이 병목을 "한 거대한 시민펀드"로 해결하지 않는다. 오히려 통합은 포획을 부른다. 민간 레일의 기본 해법은 권리 레이어(전자투표·전자위임·유동적 대리·의안정보 공공재화)를 표준화해, 개인이 기존 계좌·상품을 유지하면서도 권리를 행사하도록 만드는 것이다.

민간 레일에서 DDP가 하는 일은 다음이다.

- 대리 집중 차단: 위임 상한 + 초과분 자동분산
- 대리의 고착 차단: 단기 만료 + 갱신 재확인
- 순간 동원 차단: 고위험 의제는 쿨링오프 + 재의결

- 대리의 사익추출 차단: 이해상충 공시 + 수수료/보상 상한 + 환수
- 권리의 실감(참여 확대): 의안 요약 표준화, 체크리스트 자동 표시, 비교 권고 병렬 표기(복수 관점)

즉, 민간 레일에서 DDP는 "누구에게 몰아줄까"가 아니라 "몰릴 수 없게 하자"를 구현한다.

9.7. 숫자는 감이 아니라 지표로 정한다: 상한(X, Y)의 실무적 산정 원칙

상한을 "정치적 구호"로 정하면 제도는 바로 무너진다. 상한 산정은 최소한 다음 변수를 갖고 설계돼야 한다.

- 참여자 규모(N): N이 클수록 개인·대리인 상한은 더 낮아야 한다.
- 위임 강도(대리 의존도): 위임이 많을수록 대리 상한은 더 낮아야 한다.
- 포획 리스크 허용치: 더 보수적으로 갈수록 더 낮게, 대신 감쇠 구조로 유연성을 확보한다.
- 운영 현실(마비 방지): 너무 낮은 하드 캡은 의사결정을 마비시킬 수 있으니 "하드캡 + 감쇠 + 초과분 자동분산"의 조합이 안정적이다.

상한은 숫자 자체보다 초과분 처리 로직이 제도 신뢰를 좌우한다. "초과분을 누가 갖나"가 불명확하면 그 자체가 포획 통로가 된다.

 공주민제(DCA)노동 이후 사회의 '권리-자본-거버넌스' 재설계

9.8. DDP의 KPI: "수익률"이 아니라 "권력 분산이 실제로 일어났는가"

DDP는 거버넌스 헌정이므로 KPI도 금융 KPI가 아니라 헌정 KPI여야
한다.

- 참여율: 전자투표/전자위임 참여율
- 집중도: 상위 대리 집중률, 위임 지니계수, 룩스루 기준 집중도
- 변경 저항성: 고위험 의제의 숙려·재의결 준수율
- 비용 투명성: 수수료·자문료·보상 구조 공개율
- 제재 실효성: 위반 적발 → 제재 → 복구까지 평균 소요 시간, 재발률
- 신뢰 지표: 로그 열람, 이탈·이동의 용이성(탈출권), 내부고발 보호
  작동 여부

9.9. 결론: DDP는 "강한 중앙"이 아니라 "강한 규칙"으로 규모를 운용하는 방식이다

공주민제가 원하는 것은 강한 국가도, 강한 시민펀드도 아니다. 원하는
것은 규모가 생겨도 권력이 고정되지 않는 구조다.

DDP는 두 레일을 섞지 않으면서도, 두 레일 모두에서 "대표권이 집중
될 수 없게" 만드는 공통 헌정이다. 기술은 선택지일 뿐이고, 헌정 규칙이
본체다.

비판적 대화와 이행 경로

머스크의 '보편적 고소득'을 넘어서: 왜 '이행설계'가 중요한가

10.0. 이 장의 목표: 인신이 아니라 '담론의 구조'를 해부한다

이 장은 특정 개인의 도덕성을 공격하려는 글이 아니다. 이 장이 겨냥하는 대상은 전환기 담론에서 반복되는 패턴이다.

"도착지(풍요)는 말하지만 다리(제도)는 말하지 않는 패턴."

제2장 2.2에서 '이행 설계(Transition Design)'의 정의와 네 개 요소(재원·권리·거버넌스·거시안정)를 이미 정리했다. 여기서는 그 네 개의 질문이 비어 있을 때 '풍요 서사'가 사회에서 어떤 방식으로 작동하는지—권리 설계의 지연, 자산·통제력의 재집중, 정당성 위기의 증폭—을 사례로 검증한다.

머스크는 이 패턴을 대중적으로 상징하는 인물이다. 그가 말하는 미래 전망이 맞을 수도 있다. 문제는 전망의 진위가 아니라, 전망이 사회에 미치는 작동 방식이다. 전환기에는 "좋은 미래가 온다"는 말이, 의도와 무관하게 현재의 권리 설계를 지연시키는 효과를 낳기 쉽다. 그 지연 시간 동안 자산과 통제력은 더 빠르게 재집중될 수 있다.

따라서 이 장의 논증은 "머스크가 틀렸다"가 아니라, "풍요 서사가 이행 설계를 비우면 어떤 정치경제학이 발생하는가"에 있다.

10.1. '보편적 고소득' 서사의 공백: 네 개의 질문을 "적용"한다

이 장의 분석 틀은 단순하다. 제2장 2.2.1.에서 정리한 네 개의 질문(재원 구조-권리 구조-거버넌스 구조-거시 안전장치)을 그대로 적용한다. 즉, "풍요가 가능하다"는 문장이 현실이 되려면 그 문장은 반드시 네 개의 질문을 통과해야 한다. 이하에서는 각 질문이 비워질 때 어떤 결과가 발생하는지를 추적한다.

이때 주의할 점이 있다. 전환기 갈등을 "얼마를 나눠 갖느냐(분배율)"의 문제로만 보면, 해법은 세율·이전지출·보조금의 조합으로 좁아지고, 논쟁은 곧바로 '재정 여력'과 '정치적 의지' 싸움으로 수렴한다. 그러나 자동화가 노동을 대체하는 속도가 빨라질수록, 사회가 체감하는 불안의 중심은 분배액 자체보다 "내 삶의 조건을 누가 결정하느냐"로 이동한다.

투자 방향(어떤 산업에 자본을 배치하는가), 기술 배치(어떤 일을 자동화하고 어떤 일을 남기는가), 데이터·알고리즘 규칙(누가 접근하고 누가 통제하는가), 그리고 기업의 구조조정과 지역의 생존을 좌우하는 의사결정은 모두 '통제력'의 문제다. 전환기에는 이 통제력이 소수에 더 빠르게 응집될 수 있고, 그 순간 분배는 갈등을 늦추는 진통제일 뿐 원인을 제거하지 못한다.

따라서 이 장은 먼저, 갈등의 초점이 왜 분배율에서 결정권으로 이동하는지(대립선의 이동)를 정리한다. 다음으로 '풍요 서사'가 이행의 질문을 미루게 만드는 사회심리적 메커니즘을 점검한 뒤, 네 개 질문을 모두 채운 대안 패키지(재원-권리-거버넌스-거시안정)를 제시한다. 마지막으로 그 패키지가 전환기 현실에서 작동하도록 하는 다리(TEC)를 구체화한다.

10.2. 전환기의 핵심 갈등은 "분배율"이 아니라 "결정권"이다

전환기의 불만은 돈으로 쌓이지만, 폭발은 통제력에서 일어난다.

노동 기반 사회에서 시민은 임금 협상·노동조합·정당·선거를 통해(불완전하나마) 결정권을 우회할 수 있었다. 그러나 노동이 생산에서 빠지면, 사회의 조건은 점점 더 자본의 결정(투자·배치·자동화·데이터 규칙)으로 정해진다.

이때 "현금 지급"은 단기 진통을 덜 수 있어도, 결정권의 집중을 건드리지 못하면 정치적 취약성이 남는다. 지급은 선별·삭감·낙인·거래의 대상이 되고, 시민은 권리자가 아니라 수혜자가 된다.

따라서 이 책이 기본소득 논쟁과 갈라지는 지점은 "얼마를 지급하느냐"가 아니라 "삶의 조건을 누가 결정하느냐"다.

10.3. 풍요 서사가 위험해지는 지점: '이행의 질문'을 미루는 사회심리

풍요 서사는 대중에게 위안이 된다. 하지만 전환기에는 위안이 구조적

　공주민제(DCA)노동 이후 사회의 '권리-자본-거버넌스' 재설계

으로 위험해질 수 있다. 이유는 단순하다.

권리 설계는 지금 해야 하고, 포획은 시간이 지날수록 쉬워지기 때문이다.

전환기에는 다음이 동시에 일어난다.
- 노동소득 약화 → 구매력 약화 → 사회불안 확대
- 자산·플랫폼 집중 → 규칙 제정력(사실상 통치력) 강화
- 정당성 위기 → 혐오/선별/통제의 유혹 강화
- 제도 공백 → "누가 나눠 주냐"가 정치 갈등의 핵심이 됨

이때 풍요 서사는 악의가 없어도 "조금만 기다리자"는 태도를 만들고, 그 사이 제도 공백이 고착된다. 공주민제가 머스크 사례를 호출하는 이유는 여기에 있다. 전환기에는 낙관이 아니라 이행 설계의 구체성이 사회를 살린다.

10.4. 공주민제의 답: "현금의 약속"을 "지분의 권리"로 바꾼다

공주민제가 제시하는 핵심 전환은 명확하다. 재분배(사후)가 아니라, 귀속 규칙(사전)의 고정이다. 현금은 전환기 충격을 완화하는 수단이 될 수 있지만, 장기적으로 사회를 안정시키는 핵심은 현금의 규모가 아니라 '권리의 형태'와 '결정권의 분산'에 있다.

이를 위해 공주민제는 '권리-자본-거버넌스'의 결합을 제도 패키지로

제시한다.

- 재원: 공공자산 수익, 기술·플랫폼 지대, 공적 자본수익 등 '지속 가능한 현금흐름'을 설계한다.
- 권리: 그 흐름을 예산이 아니라 개인 권리 장부(N-DSA)에 자동 귀속시킨다.
- 거버넌스: 운용과 의결이 포획되지 않도록 DDP(상한·만료·로그·이중승인·제재·복구)를 내장한다.
- 거시 안정: 원금과 수익의 분리, 락업, 분산투자, 완충기금 등으로 전환기의 변동을 흡수한다.

여기서 핵심은 "기업이 벌어서 국가가 나눠 준다"가 아니다.

시민이 생산의 열매를 구걸하지 않도록, 생산의 나무(자본/지분)에 대한 권리를 법적으로 갖게 하는 체제다.

10.5. 이행 경로(Transition Path)의 구체화: '조세의 지분화(Tax-to-Equity Conversion)' 단계

10.4.에서 제시한 제도 패키지(재원-권리-거버넌스-거시안정)는 "완성형"으로는 충분히 설명된다. 하지만 전환기의 정치경제학은 완성형만으로는 움직이지 않는다. 전환기에는 "방향"이 아니라 "다리(bridge)"가 필요하다.

이 절은 그 다리의 한 가지 현실적 형태로, 법인세(조세) 일부를 현금

 공주민제(DCA)노동 이후 사회의 '권리-자본-거버넌스' 재설계

이 아니라 '자본 지분'으로 납부하게 하는 경로, 즉 조세의 지분화(Tax-to-Equity Conversion, 이하 TEC)를 제시한다. TEC는 공주민제의 핵심 문법—"기존 재산을 소급 몰수하지 않고, 미래에 발생하는 가치 흐름의 귀속 규칙을 고정한다"—와 정합적인 방식으로 공적 레일의 원금(사회자산 풀)을 확장하는 수단이다.

유사한 발상으로, 기업이 부담하는 조세를 현금이 아니라 신주 발행을 통해 주식으로 납부(in-kind)하게 하여 유동성 부담을 줄이자는 제안이 국제 조세정책·학술 논의에 제시된 바 있다(Saez & Zucman, 2022). 다만 본서의 TEC는 그 논의를 그대로 채택하는 것이 아니라, "법인세 일부의 결제 수단을 지분으로 전환"해 공적 신탁에 귀속시키고, 통제권(의결권)은 별도 트리거 규칙으로 조건부·한시적으로만 활성화하는 전환기 프로토콜로 재구성한다.

10.5.1. TEC의 정의: '세금 기반 현금지급'이 아니라 '미래 귀속 규칙'의 제도 번역

TEC는 "국가가 기업을 빼앗는 방식"이 아니다. 핵심은 다음 한 문장으로 요약된다.

- 기업이 부담해야 할 조세의 일부를, 정부 일반회계가 아니라 '국민사회자산 신탁(가칭, 이하 신탁)'에 주식(지분)으로 납부하도록 귀속 경로를 바꾸는 것이다.

여기서 중요한 설계 원칙은 두 가지다.

1) 현금 재정과 분리

TEC는 국가 운영비(일반 행정·국방·치안·기존 복지)를 흔들기 위해 존재하지 않는다. 따라서 법인세를 "전면 지분화"하는 방식이 아니라, 법인세를 (가) 현금 납부분과 (나) 지분 납부분으로 분리해 단계적으로 확대한다. 전환기의 거시안정은 원금과 수익 분리, 락업, 완충기금 같은 장치로 흡수한다는 원칙과도 일치한다.

2) 정부가 아니라 '신탁'으로 귀속

지분이 정부(부처) 소유로 잡히는 순간 TEC는 국유화 프레임에 갇힌다. 따라서 지분은 '국민사회자산 신탁(가칭)'의 원금계정(락업)에 귀속되고, 정부는 운용자가 아니라 경계조건(법·감사·투명·포획방지)을 설계하는 역할에 머문다.

10.5.2. 기본 구조(회계·가격·지배구조): "받는 것"보다 "어떻게 받는가"가 핵심이다

TEC는 단순히 "주식을 받자"가 아니라, 시장 신뢰를 깨지 않는 방식으로 '받는 절차'를 비재량적(룰 기반)으로 고정하는 제도다. 핵심은 '무엇을 받느냐'가 아니라 '누구도 임의로 바꿀 수 없게 받는가'다. 최소 요건은 다음과 같다.

1) 대상과 범위(Scope Rule): 단계적 도입(상장 → 비상장)

- 1단계(시범 도입)는 상장법인 중심으로 설계한다. 시장가격(참조가격)을 투명하게 설정할 수 있기 때문이다.

 공주민제(DCA)노동 이후 사회의 '권리-자본-거버넌스' 재설계

- 2단계(확대)는 비상장사까지 범위를 넓히되, 납부 수단을 표준화된 '지분 등가물'로 제한한다(전환우선주/신주인수권(워런트) 등). 이때 비상장 확대는 "포괄 확대"가 아니라, (i) 평가(외부평가+공개 산식), (ii) 유동성(만기·환매/상환·양도 제한), (iii) 회수(현금흐름 우선순위·조건부 전환 규칙)를 하나의 패키지로 선고정한 경우에만 허용해 임의 평가·정치적 재량 논란을 차단한다.

2) 참조가격(Price Rule): 할인 없는 시장가격 고정

- 지분 납부액을 원화로 확정한 뒤, 주식 수량은 일정 기간(예: 30거래일) 거래량가중평균가(VWAP) 등 공개 규칙으로 산정한다.
- 할인 발행, 임의 평가, 내부자 가격은 금지한다. TEC가 "정치적 재량"으로 보이면 즉시 붕괴한다.
- 산정 규칙은 사전에 고정한다(기준일, 산정 기간, 기업행사 반영 방식, 예외 적용 조건). 핵심은 "얼마를 받았는지"보다 "누구도 바꿀 수 없게" 만드는 것이다.

3) 회계·공시(Accounting/Disclosure Rule): "특혜"로 읽히지 않게 장부를 잠근다

- TEC는 세금의 납부방식이 바뀌는 것이므로, 시장은 가장 먼저 회계 처리·공시의 임의성을 의심한다. 따라서 '주식 납부'는 현금 납부액(원화)을 기준으로 공정가치로 정산되는 인-카인드(in-kind) 납부로 회계·감사 기준을 표준화한다.
- 공시는 최소한 다음을 강제한다: (i) 납부 기준액(원화), (ii) 참조가격

산식과 기간, (iii) 이전 수단(자사주/신주/등가물), (iv) 희석률/자사주 출처, (v) 의결권 구조(무의결/조건부 전환 조건), (vi) 관련자 거래·특수거래 해당 여부.

- 요지는 "받는 결과"가 아니라 '받는 과정'이 감사 가능한 형태로 남도록(로그·공시·외부감사) 장부를 잠그는 것이다.

4) 납부 방식(Transfer Rule): '자사주 우선, 신주 보조'

- 기업이 보유한 자사주(자기주식) 우선 이전을 기본값으로 두면, 신주 발행에 따른 희석 반발을 줄일 수 있다.
- 자사주가 부족하면 신주 발행을 허용하되, 희석률 상한(예: 연간 x%)과 발행 절차(기간·산식·공시)를 고정해 "정치적 배정"으로 해석될 여지를 차단한다.
- 비상장 2단계에서는 '지분 등가물'을 쓰되, 1)에서 정한 평가·유동성·회수 패키지를 사전에 고정한 범위로만 제한한다.

5) 의결권(Voting Rights/Voice Rule): 정부가 표를 쥐지 않게 한다

- 신탁이 보유한 지분의 의결권 행사는 DDP의 상한·만료·로그·이중 승인·제재·복구 규칙을 적용한다. 즉, "국가 대주주"가 아니라 "시민 권리 기반의 제한된 통제력 견제"로 작동시킨다.
- 기본값은 "기업 경영에 개입"이 아니라, (가) 불법·배임·포획적 합병, (나) 소액주주 권리 침해, (다) 회계부정 같은 최소 위험에 대한 방어적 의결이다. 이 선을 넘으면 TEC는 국유화로 오해된다.

   공주민제(DCA)노동 이후 사회의 '권리-자본-거버넌스' 재설계

6) 계약 충돌 관리(Contract Rule): Change of Control·Covenant 리스 크를 '조건부 의결권 지분'으로 우회한다

TEC는 '세금 납부 방식의 변경'이지만, 실무에서는 곧바로 민간 계약의 트리거로 읽힐 수 있다. 대출약정·회사채·투자계약에는 '경영권 변경(Change of Control)' 조항이나 각종 부채 약정(Covenant)이 들어 있고, 어떤 경우에는 "특정 주체(특히 공공 부문)가 일정 지분을 취득"하는 것만으로도 기한이익상실(EOD), 조기상환, 금리 스텝업, 추가 담보 제공 등의 사유가 될 위험이 있다. TEC가 이 트리거를 대규모로 건드리면, 제도는 '환류'가 아니라 '신용사건'으로 인식되어 시장 전체의 저항을 부른다.

이를 방지하기 위해, TEC로 취득하는 지분은 초기에는 '수익권 전용 무의결(또는 제한의결) 종류주식(Non-voting/Profit-only Class Shares)'을 기본값으로 설계한다. 즉, 스튜어드십 기구는 배당·분배 등 경제적 권리(현금흐름 귀속권)는 갖되, 의결권·이사 선임·경영 개입을 발생시키지 않는 형태로 지분을 보유한다. TEC 지분의 클래스(종류주식) 정의를 정관에 미리 표준화해, 시장이 이를 "의결권을 가진 새 지배주주의 등장"으로 해석할 여지를 구조적으로 차단한다.

다만 목적은 '배당만 받는 조용한 국부펀드'가 아니다. 그래서 무의결 구조를 영구화하지 않고, 사전에 공시된 임계조건이 충족될 때에만 특정 안건 범위에서 의결권이 제한적으로 활성화되는 조건부 의결권 지분(Conditional/Contingent Voting Equity)을 결합한다. 여기서 '조건부'는 지분 자체가 나중에 지분으로 바뀐다는 뜻이 아니라, 평상시에는 무의결(또는 제한의결)을 유지하되 트리거 충족 시 의결권(voice)만 한시적으로 활성화된다는 뜻이다. 조건부 의결권 활성화는 두 갈래로 설계한다.

(1) 정상 활성화(Phase-linked Activation)

자동화율·노동대체율 등 시스템 지표가 일정 임계점(예: 자동화율 80% 이상)에 도달하거나, TEC가 '조건부 확대' 단계로 넘어갈 때, 무의결(또는 제한의결) 구조는 부분 의결권(특정 안건 범주에 한정된 클래스 투표권) 으로 전환된다. 이때도 의결권 행사는 상한·만료·로그·지연·다중승인 등 DDP 규칙으로 묶어 "통제권 이벤트"가 아니라 "규칙에 따른 방어적 개 입"으로만 기능하게 한다.

(2) 방어 활성화(Emergency Defensive Activation)

평상시에는 무의결권을 유지하되, 회계부정·배임·횡령·포획적 합병/ 분할·소액주주 권리 침해처럼 "권리 기반을 직접 훼손하는 사건"이 발생 하면 한시적·안건 한정 의결권이 자동 활성화된다. 활성화 범위는 '경영 참여'가 아니라 최소 위험 방어(해당 안건의 거부권/재심의 요구권 등)에 만 제한하고, 기간 만료 후 자동 소멸한다.

또 하나의 안전장치는 법제화된 '세이프 하버(Safe Harbor)'다. TEC 수 익권 전용 무의결(또는 제한의결) 종류주식이 ① 통제권을 발생시키지 않고, ② 정관상 경영 지배 권능(이사 선임 등)을 갖지 않으며, ③ 트리거 충족 전에는 의결권 활성화가 불가하다는 점을 법률상 기본값으로 명문 화하면, 계약 해석의 불확실성을 줄일 수 있다. 요지는 경제적 권리(현금 흐름 귀속권)는 앞당기되, 민간 계약이 가장 민감해하는 통제권 발생은

 공주민제(DCA)노동 이후 사회의 '권리-자본-거버넌스' 재설계

지연·조건화한다는 분리 설계다.

10.5.3. 단계 설계(Phase Design): '선택형 → 조건부 확대(적용 범위)·조건부 지분(통제권) 동기화 → 정상화' 3단계

TEC는 한 번에 완성되는 제도가 아니다. 전환기의 저항과 불확실성을 흡수하려면 "단계"가 필요하다. 핵심은 지분을 축적하는 속도(경제적 권리)와 통제권이 발생하는 조건(의결권)을 분리하고, 그 둘을 동일한 트리거 규칙 아래에서만 '동기화'시키는 것이다.

즉, 같은 트리거(예: 자동화율·노동대체율·시장집중도)가 충족될 때 ① TEC의 적용 범위/강도는 단계적으로 확대되지만, ② 신탁 지분의 의결권은 자동으로 커지지 않는다. 의결권은 10.5.2-6의 '조건부 의결권 지분(Conditional/Contingent Voting Equity)' 규칙에 따라 "필요할 때만·한시적으로·안건 한정으로"만 활성화된다. 이렇게 해야 TEC가 상법·계약(특히 Change of Control, Covenant) 충돌로 신용사건처럼 읽히는 것을 막으면서도, 환류 목적(사회자산 풀 축적)은 유지할 수 있다.

Phase 0 — 헌정·회계 인프라 선행(도입 준비 단계)

- 국민사회자산 신탁(공적 레일)의 원금계정(락업)-수익계정(환류) 분리 원칙을 법으로 확정한다.
- TEC의 참조가격, 자사주 우선, 희석 상한, 공시·감사·로그 규칙을 "규정"이 아니라 "자동 집행 규칙"으로 고정한다.
- 전환기 변동을 흡수할 완충기금(손실 흡수·배당 변동 완화)을 병행한다.

- TEC 지분의 기본값을 '수익권 전용 무의결권주'로 표준화하고, 의결권은 '조건부 전환(정상/방어)'에서만 제한적으로 발생한다는 세이프 하버(법적 기본값)를 명문화한다.

Phase 1 — 선택형 TEC(파일럿): '강제'가 아니라 '가격'으로 유도

- 기업은 법인세의 일정 비율(예: 0~5%)을 현금 대신 지분으로 납부할 선택권을 가진다.
- 참여 기업에는 "현금 유동성 부담 완화"라는 즉시 효용이 있고, 국가는 신탁 원금(사회자산 풀)을 축적한다.
- 이 단계에서 TEC로 귀속되는 지분은 기본값을 수익권 전용 무의결권으로 두고(통제권 비발생), 계약 트리거(경영권 변경) 리스크를 구조적으로 회피한다.
- 목표는 숫자가 아니라 신뢰다. "규칙이 예측 가능하고, 정치적 재량이 없으며, 통제권 이벤트가 발생하지 않는다"는 신호를 시장에 각인시키는 단계다.

Phase 2 — 조건부 확대 TEC(적용 범위)·조건부 의결권 구조(Conditional/Contingent Voting Rights) 연동: '초과이익에는 귀속 규칙을, 통제권에는 지연·한정 규칙을 건다'

공주민제가 말하는 경계는 "과거 재산을 뺏지 않고, 미래 귀속 규칙을 고정하는 것"이다. 따라서 TEC를 확대할 때도 "모든 기업에 일괄 강제"가 아니라, 공공이 만든 지대·초과이익 경로에 우선 적용하는 게 정합적이다. 예시는 다음과 같다.

 공주민제(DCA)노동 이후 사회의 '권리-자본-거버넌스' 재설계

- 독점적 인허가·프랜차이즈(주파수·망·기반 인프라)에서 발생하는 지대
- 공공 데이터·표준·플랫폼 규칙이 만들어 낸 초과이익(로열티 스트림과 병렬)
- 공공 위험 부담(구제금융, 산업정책 지원, 국가 R&D·조달)이 사실상 옵션처럼 작동해 발생한 초과수익

이 범주에서는 현금 납부 최소비율을 유지하되, 초과이익 구간에 대해 TEC 비중을 점진 확대(예: 5% → 10% → 15%)하는 방식이 정치적으로도 방어적이다.

다만 여기서도 통제권은 자동으로 따라오지 않는다. TEC 적용이 확대되는 트리거가 충족되더라도, 의결권은 '조건부 의결권 활성화' 규칙에 따라 다음으로 제한된다.
- 정상 활성화(Phase-linked Activation): 임계 지표(예: 자동화율 80% 이상)[6] 충족 시에도 의결권은 부분·안건 한정으로만 활성화되고, DDP 규칙(상한·만료·로그·지연·다중승인) 하에서만 행사된다.
- 방어 활성화(Emergency Defensive Activation): 회계부정·배임·포획적 합병/분할 등 권리 기반을 직접 훼손하는 사건에 한해 한시적·안건 한정 의결권이 활성화되고, 기간 만료 후 자동 소멸한다.

---

[6] "노동이 더 이상 시스템의 주 엔진이 아니다"라는 상태를 계량적으로 잡기 위한 임계값 예시다.

이 동기화 설계의 의미는 분명하다. "지분 축적(경제적 권리)은 확대하되, 통제권 발생(의결권)은 지연·한정한다." TEC가 커질수록 "국가가 지배한다"가 아니라 "규칙이 더 엄격해진다(초과이익의 미래 귀속만 고정된다)"로 읽히게 만드는 장치다.

Phase 3 — 정상화(성숙 단계): '법인세 일부를 배당 기반으로 치환'

사회자산 풀이 커지면, 신탁이 받는 것은 "주가"가 아니라 배당·로열티·상업수익 등 다층 현금흐름이 된다.

이 성숙 단계에서 국가는 다음의 선택지를 갖는다.

- 기존 법인세율을 유지하되, TEC 비중을 추가 확대해 N-DSA 원금을 더 빠르게 축적하거나

- TEC로 축적된 자산의 배당 흐름이 안정화되면, 현금 법인세율을 일부 인하하고 "배당 기반(자산수익 기반) 재정"을 확대한다.

핵심은 "세금을 없애자"가 아니다. 전환기의 분열을 막는 방식으로, 재정의 일부를 '예산'이 아니라 '권리 장부로 귀속되는 자산수익'으로 번역하는 것이다.

10.5.4. 이행기(Transition)의 구체적 시나리오: 'DCA 샌드박스(특구·산업별 순차 도입)'

전체 경제를 한 번에 DCA로 전환하는 방식은 현실적으로 불가능에 가깝고, 그 시도 자체가 "내일부터 전부 바꾸자는 건가?"라는 반발과 공포를 부른다. 그래서 전환기에는 '제도를 크게 설계하되, 적용은 작게 시작해 증명하며 확장'하는 장치가 필요하다. 그 장치가 DCA 샌드박스다.

    공주민제(DCA)노동 이후 사회의 '권리-자본-거버넌스' 재설계

DCA 샌드박스는 특정 구역(특구) 또는 특정 산업(산업별)에서, 공주민제의 핵심 규칙을 제한된 범위에 먼저 적용하고, 성과지표에 따라 조건부로 확대하는 전환기 표준 프로토콜이다. 여기서 핵심은 "실험"이 아니라 "검증 가능한 계약"이다. 참여자는 규칙을 미리 받아들이고, 성과가 나오면 확대되고, 실패하면 자동 보정되거나 중단된다.

1) 두 가지 적용 방식: 특구형 + 산업형

- 특구형: 규제·데이터·인프라·조달을 묶어 한 구역에서 패키지로 적용한다. '제도-산업-거버넌스'의 상호작용(포획, 갈등, 속도)을 단기간에 검증할 수 있다.
- 산업형: 구역이 아니라 산업을 지정한다. 동일 산업 내 여러 기업·플랫폼이 같은 규칙을 적용받아 "우회"가 어려워지고, 비교·평가가 쉬워진다.

2) 우선 적용 순서: 노동 비중이 급감한 산업부터

샌드박스는 모든 산업을 동시에 대상으로 하지 않는다. 우선순위는 명확하다. 노동이 생산에서 먼저 빠지고, 수익 포착이 디지털 장부로 명료한 영역부터 시작한다.

- 완전 자동화 물류·창고·라스트마일: 노동소득이 먼저 0에 수렴하고, 플랫폼 수익·인프라 지대가 뚜렷하다.
- AI 콘텐츠 산업(생성·유통·광고): 창작·편집·배포의 자동화가 빠르게 진행되고, 데이터·모델·유통 규칙이 소득을 좌우한다.
- 클라우드 추론(inference)·모델 API 유통: 수익 경로가 비교적 표준

화되어 있어, '환류 규칙'과 '감사·로그'를 기술적으로 고정하기 좋다.

3) 샌드박스의 계약 구조: 혜택(당근)과 의무(상한·환류·감사)를 한 묶음으로

샌드박스는 "규제 완화"만 주는 특혜가 아니다. 참여 기업·플랫폼에 제공되는 혜택은, 공주민제가 요구하는 의무와 결합된 패키지로 설계된다.

- 혜택: 예측 가능한 규제 경로, 표준계약·표준감사 프레임, 공공 조달·인프라·컴퓨팅·데이터 접근에서의 우선권('프리패스'), 분쟁 조정·중재의 신속 트랙
- 의무: (가) 추출 상한(사익추출 방지), (나) 사회배당 자동 환류(권리 장부 귀속), (다) DDP 기반 포획 방지(상한·만료·로그·이중승인·제재·복구)

4) 성과 지표(KPI)와 확대 트리거: "배당이 실제로 보이면 확장"

샌드박스의 성패는 선언이 아니라 지표로 판단한다. 최소 KPI는 다음을 둔다.

- N-DSA 수익계정으로의 환류 안정성(분기별 변동, 손실 흡수, 완충 기금 작동)
- 자본접근권 0의 감소(수령·참여·계정 활성화 지표)
- 포획 위험 지표(대리 집중도, 의결 로그 이상치, 제재·재발률)
- 혁신·투자 지표(투자 위축 여부, 비용·의사결정 속도, 시장 신뢰)

이 KPI가 기준치를 충족하면 동일 산업군/인접 산업/타 특구로 자동 확대되고, 기준을 밑돌면 캡 강화·만료 단축·감사 빈도 상향 같은 자동 보

    공주민제(DCA)노동 이후 사회의 '권리-자본-거버넌스' 재설계

정이 작동한다. 임계 위험이 감지되면 신규 편입을 중단하고 복구 프로토
콜(무효-환수-재투표)을 발동한다.

5) 독자가 이해하는 "전환의 그림": 전국 일괄이 아니라 "증명 → 표준화 → 확대"

전환기의 설득은 미래상보다 이행 경로에서 결정된다. DCA 샌드박스
는 "작게 증명하고, 규칙을 표준화한 뒤, 조건부로 확장"하는 방식으로 전
환기의 공포를 구조적으로 낮춘다. 즉, 공주민제는 내일부터 전부 바꾸자
는 체제가 아니라, 무너지는 구매력-집중되는 결정권-고착되는 제도 공
백을 끊기 위해 "검증 가능한 다리"를 단계적으로 놓는 체제다.

10.5.5. 예상 반론과 방어 논리

샌드박스가 "작게 시작해 증명하며 확장"하는 이행 장치라면, 다음은
전환기 담론에서 반복적으로 등장할 반론을 선제적으로 봉쇄하는 방어선
이다.

반론 A: "강제 희석 아니냐?"

- TEC의 1단계는 선택형이다. 희석이 아니라 "납세 방식의 옵션"으로
  시작한다.
- 2단계 이후 확대도 "초과이익·지대·공공위험 부담의 대가"라는 미래
  귀속 규칙으로 정당화한다. 이는 소급 몰수가 아니다.

반론 B: "국가가 기업을 지배하나?"

- 지분은 정부가 아니라 신탁 원금계정(락업)으로 귀속된다.
- 의결권은 DDP로 제한되고, 기본값은 방어적 의결(불법·포획·사익 추출 차단)이다. 국가는 운영자가 아니라 경계조건 설계자다.

반론 C: "재정이 비나?"

- 현금 납부 최소비율을 법으로 고정한다. TEC는 재정을 없애는 게 아니라 "재정의 일부를 자산축적 경로로 바꾸는 것"이다.
- 전환기의 변동성은 원금-수익 분리, 락업, 완충기금으로 흡수한다.

10.5.6. TEC의 위치: 공적 레일의 재원 확장 장치이며, 민간 레일과 섞지 않는다

마지막으로 TEC는 공주민제의 "공적 레일" 내부 장치다. 민간 레일(C-COT 등)과 연결해 통합 시스템으로 만들면, ① 공적 권리가 민간 성과에 예속되거나, ② 반대로 민간이 공적 권리를 대체하려는 두 가지 실패가 생긴다. 그래서 TEC는 N-DSA(공적 레일) 원금계정 축적에서 시작해, N-DSA(수익계정)의 권리 환류로 끝나야 한다.

10.6. 결론: 전환기의 낙관은 '정치경제학'으로 번역될 때만 안전하다

"돈은 무의미해질 것" 같은 전망은 AI·로봇의 발전이 '일이 선택이 되고 화폐의 역할이 약화될 수 있다'는 테크-낙관을 압축해 전달한다(Euronews, 2025; Adams, 2025). 그러나 사회가 붕괴하지 않으려면, 방향이 아니라 다리가 있어야 한다.

 공주민제(DCA)노동 이후 사회의 '권리-자본-거버넌스' 재설계

공주민제는 그 다리를 "권리 장부(N-DSA) + 민간 권리 레이어 + DDP 헌정"이라는 형태로 제시한다. 풍요가 오느냐 마느냐의 문제가 아니라, 풍요가 오기 전에 사회가 무너지지 않게 하는 문제가 이행 설계다.

마르크스주의의 자기갱신: 전환기의 계급 정치와 공주민제의 역할

11.0. 이 장의 테제: 노동의 종언과 새로운 계급정치

마르크스주의는 자본주의를 "도덕"이 아닌 "구조"로 분석해 온 강력한 도구였다. 그러나 노동이 기본 파이프가 아닌 사회로의 전환은 이 이론의 전제가 되었던 조건을 흔들고 있다. 노동 기반 사회에서 임금과 노동조건은 사회 갈등의 중심이었고, 노동조합과 정당은 결정권을 우회하는 통로였다. 이제 자동화와 인공지능이 노동을 대체하면서 갈등의 기본 축은 점점 임금 협상이 아니라 접근권과 통제권으로 이동한다.

이 장은 마르크스주의의 전통을 부정하려는 것이 아니라, 이론의 자기갱신을 통해 전환기 구조를 설명하려는 시도다. 노동의 종언이 착취의 종식을 의미하지 않고, 오히려 착취가 더 간접적이고 제도적인 형태로 이동함을 보여 주며, 이에 대응하는 새로운 계급정치의 언어와 제도 설계를 제안한다. 공주민제는 이러한 갱신의 한 분기점이며, 기존의 국유화 모델이나 단순한 재분배 정책과는 다른 방향을 제시한다.

11.1. 반동화의 메커니즘: "자본을 때리자"에서 "대중을 통제하자"로

전환기의 불안은 "질서를 회복하자, 통제하자, 선별하자"는 유혹을 만들어 낸다. 마르크스주의가 노동 중심의 언어에 머물고 사회 구조의 변화를 포착하지 못하면, 대중의 공포는 자본의 구조가 아니라 약자·외부자·실업자 같은 쉬운 표적을 향한다. 좌파적 분배 담론도 "누가 받을 자격이 있는가"라는 선별 담론으로 끌려 들어갈 위험이 있다.

이는 단지 극우의 문제가 아니라, 제도 공백이 길어질수록 통치가 '권리'가 아니라 '관리'가 되는 일반적 현상이다. 해방을 말하면서도 현실의 통제권 집중을 막지 못하는 언어는 해방이 아니라 방조가 된다. 따라서 전환기 좌파 정치의 첫 임무는 "더 많이 나눠 주자"가 아니라, 선별과 관리로 흐르지 않는 권리 구조를 고정하는 것이다.

한편, 최근 일부 기술 엘리트 사이에서는 '네오리액션(neo-reaction)' 또는 '암흑 계몽(Dark Enlightenment)'으로 불리는 반동적 사상이 확산되고 있다. 커티스 야빈(Curtis Yarvin)은 "멘시우스 몰드버그"라는 필명으로 현대 민주주의를 전면적으로 불신하며, 국가를 주식회사처럼 개편하여 CEO에 해당하는 군주가 통치해야 한다고 주장한다. 그는 언론·학계·관료제라는 "대성당(Cathedral)"이 사회를 좌경화시킨다며, 공립학교 매각과 관료제 해체 등 급진적 개혁과 함께 자유주의 민주정을 청산하는 '하드 리셋(hard reset)'을 제안한다. 또한 기술 엘리트가 별도의 도시국가를 건설하여 기존 국가로부터 탈출하는 패치워크(patchwork) 구상을 내놓았

는데, 이는 규칙을 바깥에서 다시 쓰려는 EXIT 충동과 맞닿아 있다. 야빈의 이론은 실리콘밸리 일부에게 영감을 주었지만, 그가 제시하는 해결책은 권위주의적 통치와 전문가 지배에 기반하며, 민주적 거버넌스와 시민 권리를 폐기하는 대가를 요구한다.

이러한 신반동주의 흐름은 마르크스주의 진영에서도 비판을 받아 왔다. 기존 마르크스주의자들은 야빈이 불평등과 사회적 불안의 원인을 '대성당'과 민주제의 비효율에서 찾는 대신, 자본주의적 소유 구조와 노동 착취라는 근본적 문제를 외면한다고 지적한다. 그러나 그의 구상이 보여 주듯 엘리트가 규칙을 장악하거나 체제 밖으로 탈출하려는 유인이 커지고 있는 것은 현실이다. 마르크스주의적 비판은 이러한 EXIT 충동을 '반동'으로 규정하는 데 그칠 위험이 있으며, 규칙 장악과 지대화가 어떻게 시민 권리를 약화시키는지에 대한 분석이나 대안 제도 설계가 부족하다. 공주민제는 이런 반동적 파열을 막기 위해 통제권을 분산하고 지분 접근권을 넓혀 초유지분층의 포획과 무지분 대중의 배제를 동시에 해체하려는 시도다.

11.2. 노동의 종언이 뜻하는 것: 착취의 형태 변화

노동의 비중이 줄어들어도, 착취가 사라지는 것은 아니다. 착취는 더 간접적이고 제도적인 형태로 이동한다.

- 규칙의 착취: 플랫폼·표준·알고리즘이 생산과 분배 규칙을 만들고, 이를 장악한 소수가 잉여를 흡수한다.
- 지대의 착취: 데이터·네트워크·독점적 인프라에서 지대가 발생하

 공주민제(DCA)노동 이후 사회의 '권리-자본-거버넌스' 재설계

고, 이 지대가 자산 집중을 심화시킨다.

- 결정권의 착취: 의결·자본 배치·규제 설계가 소수에게 집중된다. 이는 규칙 변경권을 통해 현실을 지배하는 힘이다.

마르크스주의는 전통적으로 노동시간과 임금 착취를 분석했으나, 디지털 노동, 플랫폼 노동, 비물질 노동을 연구하는 현대적 확장도 존재한다. 이러한 확장을 인정하면서, 본서는 착취의 변화된 형태를 권리 접근권과 통제권의 문제로 정식화하고자 한다.

최근의 마르크스주의 연구는 이런 변화하는 착취 형태를 분석하기 위해 플랫폼 자본주의와 지대 수취를 주목한다. 디지털 플랫폼이 생산적 노동 없이도 경제적 이익을 얻는 구조를 '지대'로 해석한 Duygu Özlük은 플랫폼 경제가 노동시장에 영향을 미치고, 부와 권력의 집중을 심화시키며, 디지털 지대가 착취의 새로운 메커니즘임을 강조한다. 닉 스르니첵(Nick Srnicek) 역시 플랫폼이 사용자 데이터와 인프라를 독점해 다른 곳에서 생산된 가치를 포획한다고 지적하며, '자유 노동' 논설이 사용자 활동을 잉여가치 생산으로 과도하게 일반화했다고 비판한다. 그는 플랫폼의 초과이익이 가치 창출이 아니라 가치 점유(value appropriation)에서 비롯된다고 분석한다. 이런 연구는 플랫폼의 광고 지대·인프라 지대·지적재산 지대를 체계적으로 분석하며, 플랫폼 자본주의가 전통적인 노동착취 모델을 넘어 자산과 규칙을 통해 가치를 포획하는 구조임을 밝혀냈다.

그럼에도 이러한 연구들은 여전히 노동-자본 틀과 공공소유·재분배 중심의 해결책에 묶여 있다. 사용자 데이터와 알고리즘의 권리 구조, 규칙 장악에 대한 시민의 통제권, 플랫폼 EXIT와 같은 문제는 충분히 다루지 않는다. 공주민제는 이를 보완하기 위해 데이터·알고리즘·인프라에서 발생하는 초과이익의 사전 귀속, 지분과 통제권의 분리, 분산 의결 프로토콜 등을 제시하며, 지대 포획을 권리와 거버넌스 혁신으로 대응하려한다.

11.3 노동 소멸을 전제로 갱신해야 할 핵심 질문 세 가지

11.3.1. 가치와 소득의 원천

노동의 축소는 "노동착취 → 이윤"이라는 단일 경로로 초과이익을 설명하기 어렵게 만든다. 자동화된 생산의 산출과 데이터·모델·플랫폼·표준이 만들어 내는 초과이익이 무엇이며, 그 초과가 누구에게 배당 가능한몫으로 규정되는가를 묻는 것이 첫째 질문이다. 공주민제는 이 질문에 대해 초과이익의 사전 귀속 규칙을 제시한다.

11.3.2. 결정권(통제권)의 고정

둘째 질문은 "누가 생산수단을 소유하는가"를 넘어 "누가 규칙을 바꾸는가"를 묻는 것이다. 노동이 기본 파이프가 아니게 되면 권력은 노동을 통제하는 힘이 아니라 규칙을 설계·집행·예외 승인하는 힘으로 나타난다. 따라서 규칙 변경권을 어디에, 어떻게 배치하고 통제할 것인지가 핵심이 된다. 공주민제의 DDP(상한·만료·지연·다중승인·로그·제재·복구) 규칙은 통제권이 집중되는 경로를 구조적으로 제한하려는 시도이다.

공주민제(DCA)노동 이후 사회의 '권리-자본-거버넌스' 재설계

11.3.3. 주체 재구성: 누가 어떤 경계에 서 있는가?

셋째 질문은 전환기의 사회에서 새로운 분기선과 주체가 어떻게 구성되는가이다. 노동자/자본가의 이분법은 노동소멸 이전의 현실을 설명하는 데는 유의미했지만, 노동이 기본 파이프가 아닌 사회에서는 지분 접근권과 통제권이 주된 분기선이 된다.

저자는 다음과 같은 세 집단을 제시한다:

- 초유지분층(통제지분층): 통제권과 규칙 변경권을 사실상 점유하는 집단. 이들은 기존 엘리트뿐 아니라 플랫폼 소유자, 표준 제정자 등을 포함한다.
- 유지분 시민(분산지분 시민): 초유지분 집중과 무지분 배제를 해체하는 전환 설계 아래에서, 분산된 시민지분에 기반한 접근권이 넓게 형성되고, 그 지분·의결이 다시 통제지분으로 재응집되지 않도록(상한·만료·회수·로그 등) 분산 규칙이 내장된 시민 다수
- 무지분 대중(지분 접근권 0): 초과이익과 결정 과정에서 구조적으로 배제되는 집단. 전환기의 계급정치는 이 집단의 규모를 줄이는 데 초점을 맞춰야 한다.

11.4 포획과 탈출: 지배 전략의 이중성

11.4.1. EXIT 전략의 현실

노동이 약해질수록 지배층의 전략은 노동을 더 쥐어짜는 것만이 아니라, 규칙을 장악하거나 규칙 바깥으로 나가 새 규칙을 세우는 것(EXIT)으로 이동한다. 이 EXIT의 충동은 일부 기술 엘리트가 '네트워크 스테이트',

'가속구역(특구형 신도시)', '사설 거버넌스' 등의 이름으로 드러내는 경향에서 쉽게 관찰된다. 예컨대 Praxis 같은 네트워크 스테이트형 신도시 구상은 (성패와 별개로) 한 가지를 보여 준다. 기존 정치의 관할 밖에서 규칙을 다시 쓰려는 유인이 매우 강하다는 점이다.

EXIT 전략은 단일하지 않다. 민주적 공동체를 추구하는 자치 실험과, 엘리트가 법과 규제를 회피하려는 탈정치적 프로젝트를 구분해야 한다. 본서가 비판하는 것은 후자, 즉 공공 규범과 책임을 회피하면서 사적 규칙을 강화하는 움직임이다.

이러한 EXIT 프로젝트는 커티스 야빈이 제안한 패치워크(patchwork)나 발라지 스리니바산의 네트워크 스테이트(network state)처럼, 자본과 기술을 축적한 소수가 기존 규제와 민주정치를 벗어나 자신만의 규칙을 설계하려는 시도라는 점에서 공통적이다. 그러나 이는 대중에게 권리를 확장하기보다는 규칙과 지분의 영구 포획을 심화할 위험이 있다. 반민주적 네오모나키즘을 진단하는 데에서 멈추는 마르크스주의적 비판을 넘어, 이러한 탈출 전략이 권리와 결정권의 위계화를 재생산한다는 점을 명시하고, 이를 제도적 설계로 대응하는 것이 중요하다.

또한 이러한 엘리트 EXIT 전략과 결부되어 등장하는 것이 기본소득(Universal Basic Income) 담론이다. 실리콘밸리의 일부 거대 플랫폼 창업자와 AI 기업은 로봇과 자동화가 일자리를 대량으로 없앨 것이라 주장하며, 정부나 기업이 시민에게 일정한 생활비를 지급하자는 기본소득을 공개적으로 지지한다. 그러나 이런 제안은 플랫폼과 AI 기업이 생산의 지배권을 유지한 채 수익 일부를 용돈처럼 나눠 주는 '사회주의의 위에서 계

 공주민제(DCA)노동 이후 사회의 '권리-자본-거버넌스' 재설계

급이 자선하는 모델[7]에 가깝다. 연구자들은 기업 주도형 기본소득이 AI 독점을 강화하고 시민을 플랫폼 생태계의 '수동적 소비자'로 전락시킬 위험이 있다는 점을 지적한다. 기본소득은 소비수요를 유지하는 빨대가 되어, 엘리트가 별도의 평행 사회에서 귀족처럼 살면서도 기존 사회로부터 지대와 데이터를 계속 빨아들이는 구조를 합법화할 수 있다. 기본소득이 유지되는 사회에 위기가 발생해 소비가 둔화하면, 엘리트는 '빨대'를 다시 흔들어 지대의 흐름을 재개하려 할 것이며, 일반 시민은 완전 포획 상태에서 존엄을 위협받게 된다. 이러한 시나리오는 포획과 EXIT가 결합된 최악의 형태이며, 이를 막기 위해선 기본소득 논쟁을 넘어 권리와 통제권의 재구성이 필요하다.

11.4.2. 계급정치의 한계와 사회적 분열

전통적 계급정치가 "임금·노동조건"만을 유일한 전장으로 붙든다면, 포획과 EXIT가 지배 전략으로 떠오르는 현실을 놓칠 수 있다. 그 결과 다수는 기존 체제에서 생존 기반을 잃고, 소수는 바깥에서 평행 사회를 구축하며 '한 나라 안의 여러 룰'이 등장한다. 이는 단순한 불평등이 아니라 통제권의 영구 고착으로 이어질 수 있으며, 이런 상황을 저자는 반동으로 규정한다.

---

7 "사회주의의 위에서"라는 표현은 일반적으로 '위에서 내려오는 사회주의'(socialism from above)를 비유하는 말이다. 이는 자유주의나 자본주의 질서를 유지하면서 소수 엘리트가 "자선"처럼 분배 권리를 행사하는 구조를 비판할 때 사용된다. 예컨대 일부 실리콘밸리 기업인들이 기본소득(UBI)을 제안할 때, AI와 플랫폼 인프라는 계속 사적으로 소유하면서 수익의 일부를 국민에게 나눠 주는 구상을 내놓고 있는데, 이는 실제로는 생산수단과 결정권을 여전히 독점한 채 생계비를 지급하는 자선 모델에 가깝다는 의미다. 이런 구상을 두고 비평가들은 "디지털 봉건주의"나 "토론 명분 없는 사회주의"라고 부르며, UBI가 권력 구조를 바꾸지 않고 오히려 독점을 강화하는 Trojan horse일 수 있다고 지적한다.

11.4.3. 대응 방향

포획과 EXIT를 함께 다루기 위해서는 두 가지 대응이 필요하다. 첫째, 전통적 임금 투쟁을 넘어 지분 접근권과 규칙 설계 권한을 놓고 싸워야 한다. 둘째, 민주적 자치 실험과 규제 회피형 탈출 프로젝트를 구분하고, 후자의 사회적 비용을 공개적으로 평가해야 한다. EXIT 전략 전체를 획일적으로 '지배 전략'으로 간주하면 다양한 자치 시도의 가능성을 놓칠 수 있다.

11.5. 그래서 공주민제가 중요하다: 포획과 EXIT를 동시에 약화시키는 규칙

공주민제의 핵심은 세 가지다:

1) 초과이익의 사전 귀속 - 자동화·플랫폼·데이터에서 발생하는 잉여가 특정 집단의 내부 몫으로 닫히지 않도록, 지분 접근권을 시민의 권리로 고정한다. 이는 무지분 상태를 사전에 제거하려는 시도다.

2) 지분과 통제권의 자동 결합 해체 - 돈(지분)과 통제권(의결·규칙 변경권)의 자동 결합을 끊어, 통제권의 집중을 상한·만료·로그·지연·재확정·항소 등 헌정 규칙으로 봉쇄한다. 이는 '사회화'가 즉시 '포획'으로 변질되는 것을 막는다.

3) 체제 내 생존과 독립 보장 - 다수가 체제 안에서 생존과 독립을 유지할 권리를 확보할수록, 사회는 소수의 평행 사회에 규칙을 헌납하며 따라갈 이유가 없어진다. 공주민제는 이를 위해 분산 소유-분산 의결-분산 책임의 세 축을 제시하였다.

 공주민제(DCA)노동 이후 사회의 '권리-자본-거버넌스' 재설계

11.6. 공주민제는 마르크스주의의 '대체'가 아니라 '전환기 해석의 분기점'이다

공주민제는 마르크스주의를 대체하려는 이론이 아니다. 오히려 마르크스주의가 오래 경계해 온 문제—권력과 지분의 집중—를 전환기 구조에 맞추어 제도 설계로 풀어 보려는 시도다.

- 국유화나 단일 국가통제 모델이 아니라, 공적 레일과 민간 레일의 분리와 분산 구조를 추구한다. 거대한 자산과 결정이 발생하는 전환기에서는 국가가 모든 지분을 통제하는 것 역시 포획의 경로가 될 수 있기 때문이다.
- 공주민제는 "누가 소유하나"만이 아니라 "누가 결정하나"를 묻고, 결정이 집중될 수 없도록 상한과 DDP를 본체로 둔다. 계급정치의 표적을 노동시장 내부가 아닌 권리·자본·거버넌스의 기본구조로 옮긴다.
- 이는 마르크스주의의 자기갱신과 함께 읽어야 한다. 전환기 해석의 분기점으로서 공주민제는 노동과 자본의 전통적 대립을 넘어 새로운 분기선을 제시한다.

11.7. 전환기 계급정치의 실천 언어: '임금'이 아니라 '접근권'의 권리화

전환기에서 대중이 실제로 요구해야 할 문장은 바뀐다. 임금 인상이나 일자리 창출을 요구하는 대신, 지분 접근권과 통제권을 요구해야 한다. 다음과 같이 제안한다:

- "임금을 올려라" → "지분 접근권 0을 제거하라"

- "일자리를 만들어라" → "생산수익 접근권(지분/환류)을 권리로 고정하라"
- "복지를 늘려라" → "수혜가 아니라 권리 장부로 귀속하라"
- "국가가 통제하라" → "통제력이 집중될 수 없게 상한·만료·로그·이중승인을 내장하라"

이 언어는 대중에게 더 직접적이다. 전환기의 공포는 '가난'보다 '배제'에서 커지고, 배제는 '돈'보다 '결정권'에서 체감되기 때문이다. 이러한 언어 전환은 좌파의 분배 담론이 선별과 관리로 변질되는 것을 막고, 무지분 상태의 제거와 거버넌스 헌정(DDP)을 핵심 목표로 삼는다.

11.8. 결론: 마르크스주의의 자기갱신과 공주민제의 만남

전환기의 계급정치에서 마르크스주의의 자기갱신은 '반동화'를 막는 방어선이다. 노동의 복원이 아니라 지분 접근권 0의 제거와 통제권 집중 방지가 핵심 과제이며, 공주민제는 이를 위해 분산 소유·분산 의결·분산 책임이라는 제도적 장치를 제안한다.

마르크스주의의 역사적 유산—계급과 권력의 구조 분석, 착취의 메커니즘 파악, 노동자의 조직화—를 인정하면서, 노동 이후 사회의 정치경제학을 분석하고 설계하는 데 공주민제가 기여할 수 있다. 공주민제는 마르크스주의의 유산을 버리는 것이 아니라, 새로운 전장(접근권과 통제권) 위에서 그 유산을 재구성하고자 한다.

     공주민제(DCA)노동 이후 사회의 '권리-자본-거버넌스' 재설계

대결이 아니라 승계
-문명의 지속을 위한 마지막 계약

결-0. 결론의 목적: "정답"이 아니라 "계약"을 제시한다

이 책이 제시하는 것은 하나의 정책 패키지이면서, 동시에 하나의 계약이다.

전환기의 본질은 기술이 아니라 정당성의 위기다. 노동이 사라지는 사회에서, 시민이 소비자로 남지 못하면 시장이 멈추고, 시민이 권리자로 남지 못하면 민주정이 무너진다.

따라서 공주민제는 "더 잘 나눠 주자"가 아니라, "시민이 끝까지 시민으로 남게 하자"는 계약이다.

결-1. 전환기의 최소 조건: 시민은 '수혜자'가 아니라 '권리자'여야 한다

전환기에서 복지 확대는 필요할 수 있다. 그러나 복지는 시민을 살릴 수 있어도, 시민을 권리자로 만들지 못하면 정당성 위기를 끝내지 못한다.

공주민제가 단호히 요구하는 최소 조건은 단순하다.

- 환류는 예산이 아니라 귀속 규칙이어야 한다.
- 귀속은 신청이 아니라 자동이어야 한다.
- 권리는 언제든 깎일 수 있는 정책이 아니라 장부에 기록된 지위여야
  한다.

결-2. 공주민제의 핵심은 '세 가지 분산'이다: 분산 소유·분산 의결·분산 책임

공주민제는 세 가지 분산이 동시에 있어야 성립한다.

- 분산 소유: 누구도 지분 접근권 0으로 남지 않게 하는 최소 지분 바닥
  (N-DSA).
- 분산 의결: 대표권이 집중될 수 없게 하는 DDP(상한·만료·지연·다
  중승인·로그).
- 분산 책임: 권력이 생기는 자리마다 감사·제재·복구가 따라붙는 구
  조(추출 상한 포함).

이 셋 중 하나라도 빠지면, 체제는 다른 이름으로 반복된다. 분산 소유
만 있으면 대리인의 포획이 생기고, 분산 의결만 있으면 권리의 바닥이
없고, 분산 책임이 없으면 '투명한 부패'가 된다.

결-3. "공적 레일"과 "민간 레일"의 완전 분리는 선택이 아니라 안전장치다

공주민제는 회로를 섞지 않는다. 섞는 순간 두 가지 실패가 발생한다.

- 공적 레일이 민간 성과를 흡수하면 민간은 공권력의 도구로 변질된다.
- 민간 레일이 공적 권리를 대체하려 들면 보편권은 붕괴한다.

그래서 공주민제는 공적 레일(N-DSA)과 민간 레일(권리 레이어, 필요

 공주민제(DCA)노동 이후 사회의 '권리-자본-거버넌스' 재설계

시 C-COT 옵션)이 각각 내부에서 시작해 내부에서 끝나도록 설계한다. 국가는 운영자가 아니라 경계조건(법·감사·투명·포획방지)을 설계하는 역할에 머문다.

결-4. 마지막 계약의 문장: "생산의 열매가 아니라 생산의 나무에 대한 권리"

전환기의 핵심은 자비로운 분배가 아니다. 권리의 배치다.

시민이 생산의 열매(현금)만 받는다면, 시민은 언제든 정책의 대상이 된다.

시민이 생산의 나무(자본/지분)에 대한 권리를 가진다면, 시민은 끝까지 시민으로 남는다.

공주민제는 바로 그 전환을 요구한다.

- 복지냐 시장이냐의 싸움이 아니라, 포획될 구조냐 분산될 구조냐의 선택이다.
- 대결이 아니라 승계다. 기존 문명의 장점(혁신, 투자, 성장)을 부정하지 않되, 그 성공이 문명을 붕괴시키지 않도록 권리-자본-거버넌스의 기본구조를 바꾼다.

결-5. 독자에게 남기는 실행 원칙 5가지

이 책의 결론은 "희망"이 아니라 "원칙"이다. 전환기에는 원칙이 곧 생존이다.

- 권리는 장부로 고정한다(선언이 아니라 자동 귀속 구조).
- 원금과 수익을 분리한다(권리원금은 락업, 생활은 수익 환류로).
- 대표권은 집중될 수 없게 설계한다(상한·만료·초과분 자동분산).

- 고위험 의제는 시간지연과 재의결을 기본값으로 둔다(순간 동원 차단).
- 제재와 복구를 절차로 내장한다(무효-환수-자격박탈-재투표).

이 다섯 가지가 지켜질 때, 전환기는 붕괴가 아니라 이행이 된다. 그리고 그 이행은 누군가의 선의가 아니라, 모두의 권리로 작동한다.

* 이 책의 기초가 되었던 "공주민제(DCA)선언" 및 관련 문서는 https://github.com/leesangyeon69-maker/DCA/ 접속하여 다운받을 수 있습니다.

 공주민제(DCA)노동 이후 사회의 '권리-자본-거버넌스' 재설계

[참고문헌(References)]

- Adams, A. (2025, November 20). Elon Musk Suggests AI Will Make Work 'Optional' and Money 'Irrelevant' in the Near Future. People.
- Blum, C., & Zuber, C. I. (2016). Liquid Democracy: Potentials, Problems, and Perspectives. The Journal of Political Philosophy, 24(2), 162-182.
- Draper, H. (1966). The Two Souls of Socialism. New Politics. Marxists Internet Archive.
  https://www.marxists.org/archive/draper/1966/twosouls/ (Accessed 2026.01.17.)
- Euronews. (2025, November 19). Watch: Elon Musk says AI will lead to work being 'optional' and money 'irrelevant'. Euronews.
- Ford, B. (2002, May 15). Delegative Democracy.
- Ford, M. (2015). Rise of the Robots: Technology and the Threat of a Jobless Future. Basic Books.
- Galbraith, J. K. (1952). American Capitalism: The Concept of Countervailing Power. Houghton Mifflin.
- Gölz, P., Kahng, A., Mackenzie, S., & Procaccia, A. D. (2018). The Fluid Mechanics of Liquid Democracy. arXiv:1808.01906.
- Hertz, N. (2025, Dec 31). Silicon Valley Socialism. Project Syndicate.
- Hirschman, A. O. (1970). Exit, Voice, and Loyalty: Responses to Decline in Firms, Organizations, and States. Harvard University Press.
- Kelso, L. O., & Adler, M. J. (1958). The Capitalist Manifesto. Random House.
- Kelso, L. O., & Kelso, P. H. (1986). Democracy and Economic Power:

Extending the ESOP Revolution through Binary Economics. Ballinger.

- Kling, C. C., Kunegis, J., Hartmann, H., Strohmaier, M., & Staab, S. (2015). Voting Behaviour and Power in Online Democracy: A Study of LiquidFeedback in Germany's Pirate Party.

- OpenZeppelin. (n.d.). TimelockController (Governance). OpenZeppelin Docs. (Accessed 2026-01-12).

- Özlük, D. (2023, Dec 30). Next Stage of Global Capitalism: Digital Platforms and Rentier Capitalism. Journal of Research in Economics, Politics & Finance, 8(4), 681-695.
  https://doi.org/10.30784/epfad.1350739

- Piketty, T. (2014). Capital in the Twenty-First Century (A. Goldhammer, Trans.). Belknap Press of Harvard University Press.

- Praxis. (n.d.). Praxis (Digital Nation). Praxis Nation. https://www.praxisnation.com/ (Accessed 2026.01.17.)

- Rawls, J. (1999). A Theory of Justice (Rev. ed.). Harvard University Press. (Original work published 1971)

- Rawls, J. (2001). Justice as Fairness: A Restatement (E. Kelly, Ed.). Harvard University Press.

- Sadowski, J. (2020). The Internet of Landlords: Digital Platforms and New Mechanisms of Rentier Capitalism. Antipode, 52(2), 562-580.
  https://doi.org/10.1111/anti.12595

- Shalaby, A. (2025, Aug 16). The Great AI Con: Why Silicon Valley's "Generous" UBI Offer is a Trojan Horse (And What They're REALLY Afraid Of). Research Communities by Springer Nature.
  https://communities.springernature.com/posts/beyond-the-hype-alterego-ai-and-the-rise-of-the-3d-economy

- Srnicek, N. (2017). Platform Capitalism. Polity Press.

- Srinivasan, B. (2022). The Network State: How to Start a New Country.

https://thenetworkstate.com/

- Standing, G. (2011). The Precariat: The New Dangerous Class. Bloomsbury Academic.
- Terranova, T. (2000). Free Labor: Producing Culture for the Digital Economy. Social Text, 18(2), 33-58.
- WTO. (1994a). GATT 1994, Article III (National Treatment on Internal Taxation and Regulation).
- WTO. (1994b). GATS, Article XVII (National Treatment).
- Yarvin, C. (as Mencius Moldbug). (2008, Nov 13). Patchwork: A Political System for the 21st Century — Chapter 1: A Positive Vision. Unqualified Reservations. https://www.unqualified-reservations.org/2008/11/patchwork-positive-vision-part-1/

한눈에 보는 공주민제 (DCA) 용어 사전(전체판)

이 부록은 본문에서 반복되는 약어·전문용어를 "정의 1줄 + 독해 포인트 1줄"로 정리한 사전이다. 읽는 방법은 간단하다. 약어/낯선 용어를 만나면 여기로 돌아와 뜻(정의)만 확인하고, '독해 포인트'로 문맥을 다시 잡으면 된다.

1. 체제·좌표(Framework)

공주민제(共株民制)

- 정의: 시민이 '주식(지분)'을 공동의 제도 규칙 아래에서 보유·환류·의결하는 체제 구상이다.
- 독해 포인트: "재분배(현금 이전)"가 아니라 "지분 접근권 + 통제력 분산 규칙"을 핵심 장치로 둔다.

DCA(Distributed Citizen Assets, 공주민제/共株民制)

- 정의: 시민에게 분산된 자산(지분·수익권)과 그 거버넌스 규칙의 묶음이다.
- 독해 포인트: 자산 분산만이 아니라 **의결·룰 변경 권한의 분산**까지 포함한다.

권리-자본-거버넌스 3축

- 정의: '권리(접근권)-자본(자산·수익)-거버넌스(의결·룰 변경)'를 하나의 설계 문제로 묶는 관점이다.
- 독해 포인트: 분배 논쟁만으로 해결되지 않는 '통제력 독점' 문제를 전면에 둔다.

가치 점유(Value appropriation)

- 정의: 새 가치를 '생산'했다기보다, 플랫폼·표준·인프라·데이터 접근

 공주민제(DCA)노동 이후 사회의 '권리-자본-거버넌스' 재설계

통제 같은 규칙 위치를 선점해 타인이 만든 가치 흐름에서 초과 몫을
'점유'하는 메커니즘이다.

- 독해 포인트: 전환기의 착취는 노동시간만이 아니라 "규칙 위치(게이
트)"에서 발생하므로, 소득 논쟁만이 아니라 규칙 변경권/접근권 설
계가 핵심이 된다.

자유 노동(Free labour)

- 정의: 사용자 활동(게시·클릭·리뷰·데이터 생성 등)이 플랫폼의 가
치(트래픽·데이터·학습 자원)를 만들지만 그 대가가 임금으로 지급
되지 않는다는 문제틀이다.

- 독해 포인트: 모든 사용자 활동을 곧바로 '잉여가치 생산'으로 일반화
하기보다, 사용자 활동이 "점유 가능한 가치 흐름"을 만든다는 점(가
치 점유의 구조)을 잡아야 분석이 선명해진다.

노동 이후 사회(Post-Work / Post-Labor)

- 정의: 임금노동이 소득·복지·정체성의 중심 파이프 역할을 충분히
수행하지 못하는 사회 조건이다.

- 독해 포인트: 핵심은 "노동이 0이 된다"가 아니라 "노동이 '기본 파이
프'가 아니게 되는 속도"다.

기본소득 정치(UBI Politics)

- 정의: 기본소득이 빈곤 완화 정책을 넘어, 전환기 사회의 안정·통
치·정당성 유지 장치로 설계·동원되는 정치적 구성이다.

- 독해 포인트: UBI가 '권리 장부(귀속 규칙)'와 결합되지 않으면, 지급
  은 남고 권리는 남지 않는 구조(배당 없는 지급)로 굳어질 수 있다.

실리콘밸리 사회주의(Silicon Valley Socialism)

- 정의: 기술·자본 엘리트가 자동화 충격의 비용을 '기본소득/현금 이
  전'으로 완충하자고 제안하면서, 핵심 자산(플랫폼·데이터·표준·모
  델)과 규칙 변경권은 사적으로 유지하려는 경향을 지칭한다.
- 독해 포인트: "나눠주겠다"보다 "무엇을 끝까지 소유/통제하겠다는
  가"가 핵심이며, 공주민제는 이 지점에서 '접근권과 통제권'으로 전장
  을 바꾼다.

'위에서'의 사회주의(Socialism from Above)

- 정의: 대중의 동의·조직·토론을 통해 권리 구조를 바꾸는 것이 아니
  라, 엘리트가 '분배'를 내려꽂는 방식으로 사회를 관리하는 하향식 사
  회주의다.
- 독해 포인트: 분배가 있어도 통제권이 그대로면, 분배는 권리의 확장
  이 아니라 관리의 기술(진정제)로 기능할 수 있다.

토론 명분 없는 사회주의

- 정의: 사회적 합의와 공개 토론(정당성 절차) 없이 "너희에게는 지급
  (지원)", "우리에게는 설계(통제)"가 분리된 채 작동하는 분배 체계다.
- 독해 포인트: '명분(정당성)'이 없으면 제도는 권리가 아니라 시혜로
  읽히고, 시혜는 조건·평가·중단의 관리로 전환되기 쉽다.

 공주민제(DCA)노동 이후 사회의 '권리-자본-거버넌스' 재설계

유효수요(Effective Demand)

- 정의: '지불 능력을 가진 수요'를 뜻한다.
- 독해 포인트: 소득 파이프가 붕괴하면 시장이 "침체"가 아니라 "작동 불능"으로 간다.

EXIT(엑시트) 전략

- 정의: 제도 내부의 토론·선거·연합을 통해 규칙을 바꾸기보다, 관할 바깥에서 별도 규칙(사설 규제·사법·통화·인증·거주)을 구축해 '새 게임'을 여는 정치-경제 전략이다.
- 독해 포인트: 자치 실험과 동일시하면 오독이 생긴다. 공공 책임·조세·노동·규제 의무를 회피하면서 통제권을 사유화하는 형태가 문제의 핵심이다.

네트워크 스테이트(Network State)

- 정의: 온라인 공동체가 먼저 형성되고, 이후 물리적 거점·경제권·외교적 승인으로 확장해 '국가 기능'을 대체/우회하려는 디지털-우선 정치 프로젝트다.
- 독해 포인트: '개혁(voice)'보다 '탈출(exit)' 성향이 강하며, 규칙을 다시 쓰는 권한이 공동체 내부 소수 설계자에게 집중될 위험이 있다.

패치워크(Patchwork)

- 정의: 기존 민주국가를 해체/축소하고, 주식회사형 도시/주권체들이 경쟁적으로 운영되는 다중 주권 구조를 상정하는 구상이다.

• 독해 포인트: "좋으면 옮기면 된다"는 이동성 전제를 깔지만, 실제로는 이동성·자산·인증·네트워크를 가진 집단이 규칙을 독점하기 쉬워 '탈출'이 '신분화'로 바뀔 수 있다.

평행사회(Parallel Society)

• 정의: 동일한 국가·사회 내부에, 규제·조세·노동·책임의 부담을 회피한 채 별도 규칙·별도 특권으로 운영되는 '이중 체제'가 병렬로 존재하는 상태다.

• 독해 포인트: 평행사회가 커질수록 다수는 '관리되는 사회', 소수는 '설계하는 사회'로 갈라지고, 이 분열은 단순 불평등이 아니라 통제권의 영구 고착으로 이어진다.

지분 접근권(Equity Access Right)

• 정의: 시민이 자본소득의 원천인 지분·수익권에 접근할 수 있고, 그 운용과 결정 과정에 대해 제한된 의결·감사·설명 요구를 행사할 수 있는 권리로서의 지위다.

• 독해 포인트: 복지의 대체물이 아니라, 노동 약화 국면에서 기본권의 기반(소득·통제·투명성)을 재설계하는 축이다.

2. 구조·레이어(Architecture)

3층 설계(Three Layers)

- 정의: ① 공적 기반계정(1층) ② 민간 권리 레이어(2층) ③ 메타 거버넌스(3층)로 체계를 나눈 구조다.
- 독해 포인트: "자산의 귀속"과 "의사결정의 규칙"을 분리해 포획을 줄인다.

2레일(Two Rails)

- 정의: 공적 레일(국가·국민 기반)과 민간 레일(시민·조합 자발 축적)을 분리해 운영하는 원칙이다.
- 독해 포인트: 두 레일은 **환류로 직접 연결되지 않는다**(운영·수익 귀속의 독립성).

공적 레일(Public Rail)

- 정의: 국민 기반계정과 국가급 자산·데이터·인프라를 운용하는 영역이다.
- 독해 포인트: "세금"만이 아니라 장기 수익원을 설계해 계정의 실재성을 만든다.

민간 레일(Private Rail)

- 정의: 시민·조합·단체가 자발적으로 지분을 모으고 주주권을 행사

하는 영역이다.

- 독해 포인트: '자발성'이 장점이지만, 위임 집중(대리 병목)이라는 위험이 커서 룰이 필요하다.

방화벽(Firewall)

- 정의: 한 레일의 실패·포획이 다른 레일로 전이되지 않도록 경계를 두는 원칙이다.
- 독해 포인트: "연결하면 좋아 보이지만, 연결이 포획의 통로가 되기도 한다"는 판단이 깔려 있다.

 공주민제(DCA)노동 이후 사회의 '권리-자본-거버넌스' 재설계

3. 공적 기반계정 · 자산(N-DSA 중심)

N-DSA(국민사회지분계정, National Distributed Share Account)

- 정의: 모든 시민에게 부여되는 '사회적 지분 기반의 계정'이다. 공적 계정(장부/정산 시스템)이며, 여기서 정산되는 권리는 사회적 자산(social assets)에서 발생한다.
- 독해 포인트: 복지 계좌가 아니라 "자본소득의 최소 바닥"을 만드는 장치로 읽는다.

기초자산(Underlying Assets)

- 정의: 계정의 숫자를 떠받치는 실물 기반(장기 지분, 데이터 수익, 전략자산 등)이다.
- 독해 포인트: 계정이 공허해지지 않으려면 기초자산의 수익성이 설계돼야 한다.

공공 데이터 신탁(Public Data Trust)

- 정의: 국민이 생성한 데이터의 이용·학습·상업화 권한과 수익 귀속을 제도적으로 관리하는 틀이다.
- 독해 포인트: "데이터를 보호하자"가 아니라 "데이터 수익이 시민 몫으로 귀속되게"가 핵심이다.

- 정의: 상업적 이용자가 공공 데이터·학습권을 사용할 때 지불하는 사용료 개념이다.
- 독해 포인트: 조세(세금) 프레임보다 "자원 사용료" 프레임이 통상·정치적 마찰을 줄인다.

- 정의: AI 시대의 핵심 인프라(컴퓨팅 자원)를 공적 레일에서 일정 부분 확보·배분하는 구상이다.
- 독해 포인트: 민간 기업에 대한 "규제"만이 아니라 "접근 인센티브"로 결합될 수 있다.

공주민제(DCA)노동 이후 사회의 '권리-자본-거버넌스' 재설계

4. 전환(Transition)·재정 메커니즘(TEC 중심)

TEC(Tax-to-Equity Conversion, 조세의 지분화)

- 정의: 전환기 동안 기업이 부담하는 조세(주로 법인세)의 일부를 현금이 아니라 '지분(또는 지분성 권리)'으로 납부하게 하여, 그 귀속 경로를 정부 일반회계가 아니라 공적 신탁(시민 자산 신탁/공적 레일)의 원금 계정으로 고정하는 제도 프로토콜이다.

- 독해 포인트 1(비국유화): TEC는 "정부가 기업을 소유한다"가 아니라, '지분의 소유·환류·통제'가 정부가 아닌 신탁 규칙 아래에서 운용되도록 경계조건(법·감사·투명·포획방지)을 고정하는 설계다.

- 독해 포인트 2(원금/통제 분리): 초기에는 수익권 중심(무의결·제한의결 등)으로 현금흐름 귀속을 앞당기되, 의결권(통제권)은 조건부·한시적·안건 한정으로만 활성화해 민간 계약(Change of Control, Covenant) 충돌을 최소화한다.

- 관련 선행 아이디어(참고): 조세를 현금이 아니라 '주식 발행(신주)'으로 납부(in-kind)하게 할 수 있다는 논의가 국제 정책·학술 문헌에 제시된 바 있다. 다만 본서의 TEC는 "기업 주식가치에 대한 연부세"가 아니라, 전환기 "법인세 일부의 결제수단을 지분으로 전환"해 공적 신탁으로 귀속시키는 설계다. (Saez & Zucman, 2022)

전환기(Transition)

- 정의: 기존 제도에서 DCA 체제로 넘어가는 단계적 기간이다.

- 독해 포인트: 전환기는 "원칙은 크게, 적용은 작게"가 기본 운영 철학이다.

- 정의: 특구·산업별로 제한 적용 후 성과지표(KPI)에 따라 확대·중단하는 도입 프로토콜이다.
- 독해 포인트: 실험이 아니라 "검증 가능한 계약"으로 설계하는 것이 포인트다.

- 정의: 샌드박스에서 확대/중단을 판단하기 위한 계량 지표다.
- 독해 포인트: 규칙이 선의에 기대지 않게 만드는 '자동 보정' 장치다.

- 정의: 예외조항·위임·특례가 일정 기간 후 자동 종료되게 하는 설계다.
- 독해 포인트: 포획이 고착되기 전에 '권력의 시간'을 끊는 장치다.

5. 거버넌스·의결(DDP 중심)

DDP(Distributed Decision Protocol, 분산 의결 프로토콜)

- 정의: 룰 변경·대형 의사결정을 분산·지연·다중 승인으로 처리하는 상위 의사결정 규칙이다.
- 독해 포인트: 모든 결정을 느리게가 아니라, "큰 결정만 느리게"가 원칙이다.

메타 거버넌스(Meta-Governance)

- 정의: "규칙을 누가, 어떤 절차로 바꾸는가"를 다루는 상위 설계다.
- 독해 포인트: 권력은 정책보다 '룰 변경 권한'에서 생긴다는 관점이 깔려 있다.

빠른 레인(Fast Lane)

- 정의: 정형화된 루틴 의사결정을 자동·즉시 처리하는 트랙이다.
- 독해 포인트: 효율을 확보하는 대신, 사전 합의된 프로토콜·감사 로그가 필수다.

느린 레인(Slow Lane)

- 정의: 사회적 파급이 큰 결정·룰 변경을 지연·다중 승인으로 처리하는 트랙이다.
- 독해 포인트: "지연은 약점"이 아니라 "룰 변경에 집중된 강점"으로

설계한다.

정책-규칙 경계(Policy Envelope)

- 정의: AI/자동화가 수행할 수 있는 결정의 범위를 규정한 '허용 규칙의 봉투'다.
- 독해 포인트: 봉투를 누가 정의하느냐가 새로운 권력이 될 수 있어, DDP로 묶는다.

알고리즘 거버넌스(Algorithmic Governance)

- 정의: 사전 규칙에 따라 반복 업무를 자동 처리하고, 고위험·고파급 사안만 인간·분산 의결이 개입하는 구조다.
- 독해 포인트: "자동화 vs 민주성"의 제로섬을 피하기 위한 하이브리드 설계다.

다중 승인(Multi-Approval)

- 정의: 단일 주체의 결재로 결정이 확정되지 않도록 승인권을 분산하는 장치다.
- 독해 포인트: 승인권 분산은 "책임 분산"이 아니라 "포획 방지"를 목표로 한다.

지연(Delay / Cooling-off)

- 정의: 즉시 집행을 막고 숙려·검증 시간을 강제하는 장치다.
- 독해 포인트: 대형 의사결정의 '감정적 급행'을 차단한다.

- 정의: 결정·변경·승인의 기록을 변경 불가능하게 남기는 로그다.
- 독해 포인트: 포획을 "예방"만이 아니라 "사후 추적·처벌 가능"하게 만든다.

이중 엔진(Dual Engine)

- 정의: 서로 다른 모델/규칙계로 교차 검증해 오류·편향·오작동 위험을 줄이는 운영 방식이다.
- 독해 포인트: 한 시스템의 결함이 곧바로 사회적 피해로 연결되는 것을 막는다.

긴급 제동(Emergency Brake)

- 정의: 재난적 오결정·오작동이 감지되면 즉시 중단시키는 안전장치다.
- 독해 포인트: "완벽한 설계"가 아니라 "중단 가능한 설계"가 안전의 핵심이다.

항소(Appeal)

- 정의: 결정에 대해 이의제기·재심이 가능하도록 설계된 절차다.
- 독해 포인트: 자동화가 강해질수록 항소는 '인간의 마지막 안전밸브'가 된다.

6. 민간 레일 도구(C-COT, 위임, 룩스루)

- 정의: 시민·단체가 자발적으로 주식을 모아 장기 보유·환류하는 민간 신탁형 장치다.
- 독해 포인트: 공적 레일과 분리된 독립 구조이며, 국가는 포획 방지의 법·표준만 정비한다.
- 보충(확장 도구): 초기 자본이 부족한 참여자가 우량 지분에 접근할 수 있도록, 신탁은 미래 배당·환류 재원을 담보로 한 제한적 레버리지(켈소식 '선취득-후상환' 구조)를 선택적으로 사용할 수 있다. 단, 레버리지는 신탁 내부 현금흐름 범위에서만 상환되며, 국가 재정·공적 계정과는 연결되지 않는다.

- 정의: 신탁 자산을 관리·운용하는 주체다.
- 독해 포인트: 수탁자 권한이 커질수록 룩스루·만료·감사 로그로 통제한다.

- 정의: 신탁의 수익을 최종적으로 귀속받는 주체(조합원·시민 등)다.
- 독해 포인트: 룩스루는 "수익자 주권"을 의결 구조로 구현하는 기술이다.

공주민제(DCA)노동 이후 사회의 '권리-자본-거버넌스' 재설계

위임(Proxy Delegation)

- 정의: 주주권을 대표자/대리인에게 맡기는 행위다.
- 독해 포인트: 편의는 높지만 표가 몰리면 대리 병목이 생긴다.

대리 병목(Proxy Bottleneck)

- 정의: 많은 표가 소수 대리인에게 몰려 실질 통제력이 재집중되는 현상이다.
- 독해 포인트: "포획은 소유보다 의결에서 시작"할 수 있다는 경고다.

룩스루(Look-through) 투표

- 정의: 중간 수탁자·플랫폼이 대신 투표하지 않고 최종 수익자가 의결권을 행사하게 하는 원리다.
- 독해 포인트: '의결권 투명화'가 핵심이며, 위임을 완전히 금지하지 않고도 병목을 줄인다.

패스스루(Pass-through) 투표

- 정의: 룩스루를 운영 방식으로 구현한 것으로, 수익자의 직접 투표 또는 정책선택형 투표를 포함한다.
- 독해 포인트: "대리인의 재량"을 줄이고 "수익자의 선택"을 늘리는 쪽으로 설계한다.

투표정책 메뉴(Policy Menu)

- 정의: 수익자가 사전 정의된 투표 기준(환경, 배당, 장기성장 등)을

선택하는 방식이다.

- 독해 포인트: 직접 투표의 부담을 낮추면서도 '대리인의 독점'을 줄인다.

 공주민제(DCA)노동 이후 사회의 '권리-자본-거버넌스' 재설계

7. 반포획(anti-capture) 규칙: 상한·통제력·예외 관리

포획(Capture)

- 정의: 제도·규칙·플랫폼이 특정 집단의 이익을 위해 잠식되는 현상이다.
- 독해 포인트: 포획은 "부자라서"가 아니라 "룰을 바꾸는 권한을 쥐어서" 강화된다.

통제력(Control)

- 정의: 의결권, 룰 변경권, 승인권 등 '결정권'을 뜻한다.
- 독해 포인트: 공주민제에서 직접 겨냥하는 제한 대상은 '부'가 아니라 '통제력 집중'이다.

상한(Cap)

- 정의: 통제력(의결·지배력)이 한곳에 과도하게 쏠리지 않게 제한하는 규칙이다.
- 독해 포인트: 수익(부)을 제한하는 장치가 아니라 통제(결정권)를 제한하는 장치다.

가변적 상한(Adaptive Cap)

- 정의: 기업의 성장 단계·투자회수율 등에 따라 상한을 탄력 적용하는 방식이다.

- 독해 포인트: 성장 사다리를 꺾지 않으면서 포획을 막는 균형장치로 읽는다.

만료(Expiry) / 일몰(Sunset)

- 정의: 권한·위임·예외가 자동 종료되도록 하는 장치다.
- 독해 포인트: "한 번 준 권한은 영구"라는 관성을 끊는다.

예외조항(Exemption)

- 정의: 특정 조건에서 규칙 적용을 유예·완화하는 조항이다.
- 독해 포인트: 예외는 포획의 통로가 되기 쉬워, 기간·범위·사후감사를 강하게 둔다.

기술적 포획(Technical Capture)

- 정의: 개발자·관료·플랫폼이 코드·운영을 통해 사실상 지배자가 되는 위험이다.
- 독해 포인트: 정책보다 코드가 강해질수록 "룰 변경 절차"가 민주성의 본체가 된다.

8. 기업·계약·금융 충돌(TEC/거버넌스 접합부)

경영권 변경(Change of Control)

- 정의: 지배주주·통제권이 바뀌면 계약상 조기상환·해지 사유가 되는 조항이다.
- 독해 포인트: TEC로 공적 기구가 지분을 취득할 때 충돌 가능성이 생긴다.

부채 약정(Covenant)

- 정의: 채권자가 채무자에게 부과하는 재무비율·행위 제한 약정이다.
- 독해 포인트: 지분 구조 변화가 "중대 변화"로 해석되면 기한이익상실 위험이 있다.

기한이익상실(Acceleration / Event of Default)

- 정의: 약정 위반 시 채무가 즉시 상환 대상으로 바뀌는 상태다.
- 독해 포인트: 전환 설계(TEC)는 계약 충돌 완화 장치를 함께 가져야 한다.

수익권(Income Right)

- 정의: 배당·이자 등 수익을 받을 권리다.
- 독해 포인트: 초기 TEC 지분을 수익권 중심으로 설계하면 충돌을 줄일 수 있다(의결권과 분리).

의결권(Voting Right)

- 정의: 주주로서 의사결정에 참여하는 권리다.
- 독해 포인트: 통제력 분산의 핵심 단위다.

의결권 분리(Separation of Voting & Cash-flow Rights)

- 정의: 수익권과 의결권을 동일하게 묶지 않고 기능적으로 분리하는 설계다.
- 독해 포인트: '수익 귀속'과 '통제권'의 목적이 다를 때 충돌 완화 도구가 된다.

　공주민제(DCA)노동 이후 사회의 '권리-자본-거버넌스' 재설계

9. 국제·통상·디지털 주권(DCA의 바깥 경계)

디지털 주권(Digital Sovereignty)

- 정의: 데이터·AI·클라우드·컴퓨팅 등 핵심 디지털 자원의 통제권을 국가/사회가 일정 부분 확보하는 원칙이다.
- 독해 포인트: 보호주의가 아니라 "국민 몫의 귀속 규칙"을 설계하는 문제로 읽는다.

내국민 대우(National Treatment)

- 정의: 국내외 기업을 동등하게 대우해야 한다는 통상 원칙이다.
- 독해 포인트: DCA 규칙을 국내외 동일 적용하면 통상 마찰을 줄일 수 있다.

비관세 장벽(Non-tariff Barrier)

- 정의: 관세가 아닌 규제·표준 등으로 무역을 제한한다는 비판 프레임이다.
- 독해 포인트: '세금'이 아니라 '자원 사용료(라이선스)'로 설계하면 방어 논리가 선명해진다.

DCA 호혜국 협약(Reciprocity Agreement)

- 정의: DCA 규범을 채택한 국가들끼리 상호 시장·데이터 규칙을 정합화하는 구상이다.

- 독해 포인트: 일국 실험의 취약점을 줄이는 국제 확장 장치다.

추출 분담금(Extraction Contribution)

- 정의: DCA 규범을 지키지 않는 외부 자본이 국내에서 수익을 가져
  갈 때 부과하는 분담금 개념이다.
- 독해 포인트: 관세와 유사하지만 목적은 "국민 몫의 귀속"을 회복하
  는 데 있다.

공주민제(DCA)노동 이후 사회의 '권리-자본-거버넌스' 재설계

10. 설계 논증에서 자주 나오는 핵심 단어(독해용)

분배(Transfer)

- 정의: 세금·복지 등으로 소득을 이전하는 방식이다.
- 독해 포인트: 분배만으로는 통제력 집중 문제를 다루기 어렵다는 문제의식이 있다.

환류(Flow-back)

- 정의: 수익이 시민/조합/국민 계정으로 되돌아오는 귀속 규칙이다.
- 독해 포인트: "누가 갖느냐"보다 "어디로 돌아오느냐"가 제도의 뼈대가 된다.

귀속(Attribution)

- 정의: 자산·수익·권한이 최종적으로 누구에게 속하는지 정하는 규칙이다.
- 독해 포인트: 귀속이 흐리면 포획이 쉬워진다.

프로토콜(Protocol)

- 정의: 제도가 작동하는 규칙 묶음(절차·조건·예외·감사)을 뜻한다.
- 독해 포인트: 선언이 아니라 "운영 가능한 규칙"이 핵심이라는 의미다.

스마트 컨트랙트(Smart Contract)

- 정의: 사전 조건이 충족되면 자동 실행되는 규칙 기반 계약이다.
- 독해 포인트: 빠른 레인의 자동화를 기술적으로 구현하는 도구가 된다.

인센티브(Incentive)

- 정의: 참여자(기업·시민)가 체제 안에 머물도록 유인하는 보상 구조다.
- 독해 포인트: 규제만이 아니라 "접근권·인프라·데이터" 같은 보상을 함께 설계한다.

성장 사다리(Growth Ladder)

- 정의: 스타트업→중견→대기업으로 성장하는 과정에서 필요한 제도적 여지다.
- 독해 포인트: 상한은 "성장 억제"가 아니라 "통제력 독점 억제"로 설계돼야 한다.

스케일업 트랩(Scale-up Trap)

- 정의: 성장 단계의 기업이 규칙·비용·규제로 인해 '확장'이 막히는 함정이다.
- 독해 포인트: 가변적 상한 같은 보정 장치가 필요한 이유가 된다.

11. 약어 한 장 요약(찾아보기)

- **DCA**: Distributed Citizen Assets(공주민제의 영문 약칭)

- **N-DSA**: 국민사회지분계정

- **DDP**: Distributed Decision Protocol(분산 의결 프로토콜)

- **TEC**: Tax-to-Equity Conversion(조세의 지분 전환)

- **C-COT**: Citizen-Common Ownership Trust(시민지분신탁)

- **KPI**: 핵심 성과 지표

- **Fast/Slow Lane**: 빠른 레인/느린 레인

- **Look-through / Pass-through**: 룩스루/패스스루 투표

공주민제(DCA): 노동 이후
사회의 '권리-자본-거버넌스' 재설계

© 이상연, 2026

초판 1쇄 발행 2026년 3월 11일

지은이   이상연
펴낸이   이기봉
편집   좋은땅 편집팀
펴낸곳   도서출판 좋은땅
주소   서울특별시 마포구 양화로12길 26 지월드빌딩 (서교동 395-7)
전화   02)374-8616~7
팩스   02)374-8614
이메일   gworldbook@naver.com
홈페이지   www.g-world.co.kr

ISBN   979-11-388-5460-3 (03300)